KB004940

앞으로 3년간 하루하루를

최고의 날로 만들어 나갈

________________님께

이 책을 선물합니다.

무한한 가능성이 열려 있는

새로운 시대의 서막이

당신 앞에 빛나고 있다.

- 라이너 마리아 릴케

"나는 내가 쓰는 모든 것을 이룰 것이다!"

미라클 해빗 Q&A Diary

조성희 지음

빅피시
BIG FISH

- **부담 없이 한 줄만 쓰셔도 됩니다.**
- **자신에게 가장 솔직한 답을 써보세요.**
- **매일 '오늘의 미라클 해빗'은 놓치지 말고 읽어주세요.**

"좋은 질문은 답을 바꾸고, 인생을 바꾼다." 소크라테스가 한 말처럼, 자신의 부족함을 깨닫게 하고 앞으로 나아가게 하는 가장 큰 힘은 '질문'에 있습니다. 인생에서 꼭 필요한 시점에 주어지는 지혜로운 질문만큼 폭발적인 성장을 이끌어내는 것도 없을 것입니다. 나의 가장 깊은 곳을 스스로 들여다보고, 자신만의 답을 적어나가는 사이에 더욱 단단해진 마음으로 훌쩍 성장해 있는 나 자신을 발견하게 될 것입니다. 3년간 같은 날의 나를 돌아보며 생각을 정리하고, 놀랍도록 성장한 자신에게 감탄할 당신께 미리 뜨거운 박수와 축하를 보냅니다.

저는 지난 13년간 다양한 나라에서 '마인드파워 스페셜리스트'로 활동하며, 책과 글로벌 강연, 온라인 강의 등을 통해 수 많은 사람을 만나왔습니다. 많은 이가 성공과 행복을 꿈꾸지만, 정작 어떻게 변화의 물꼬를 터야 하는지를 잘 몰라 어려움을 겪습니다. 무기력할 때, 인간관계에 고민이 있을 때, 부를 얻고 싶을 때, 마음에 휴식이 필요할 때, 성과를 내고 싶을 때… 이처럼 삶에서 마주치는 모든 고민의 순간마다 이 책이 곁에서 답을 내어줄 것입니다.

다음 페이지를 넘기는 순간부터, 당신의 가능성은 무한해집니다.
이제 시작해볼까요?

마인드파워 스쿨 대표
조성희

다이어리 작성법

❶ 오늘의 주제

일과 미래부터 관계와 부, 행복, 건강, 성장, 감사까지, 일주일간 매일 다른 7가지 테마의 미라클 해빗 문장과 365개의 인생 질문이 펼쳐집니다.

❷ 오늘의 미라클 해빗

인사이트와 영감이 가득한 일상으로 안내해줄 명문장들입니다. 테마에 따라 선별된 문장들을 읽으며, 인생의 중요한 문제들을 되짚어보세요.

❸ 인생 질문

오늘 어떤 하루를 보냈는지, 앞으로 어떻게 살아갈 것인지 생각하게 하는 인생 질문입니다. 하루 하나씩 365개의 지혜로운 질문에 답을 적어나가는 동안 꿈과 열망, 계획, 목표를 구체화할 수 있어, 매일 성취와 성장에 한 걸음씩 더 가까워집니다.

❹ 연도 기록

이 책은 자신의 성장을 3년 동안 기록하는 다이어리입니다. 올해부터, 내년, 내후년까지 연도를 직접 기입하며 현재의 자신을 마주하고, 과거와 미래의 자신을 만나보세요.

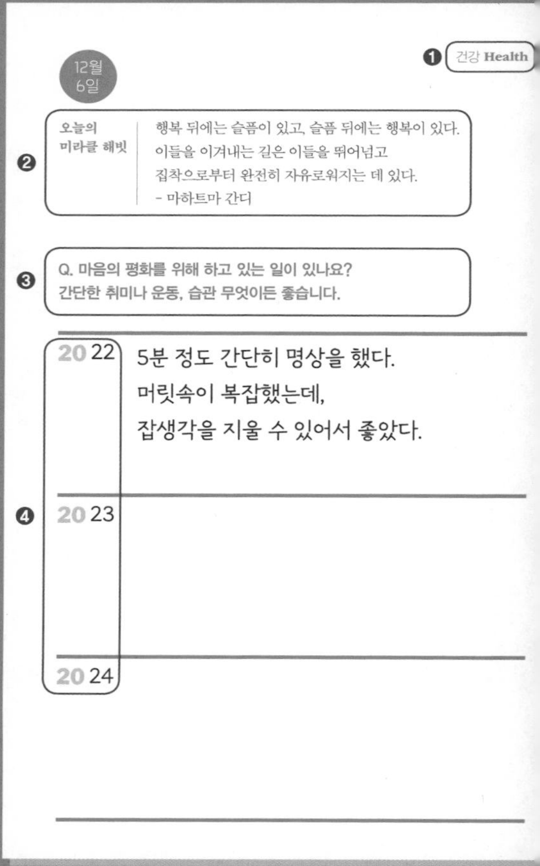

12월 6일

❶ 건강 Health

❷ 오늘의 미라클 해빗

행복 뒤에는 슬픔이 있고, 슬픔 뒤에는 행복이 있다.
이들을 이겨내는 길은 이들을 뛰어넘고
집착으로부터 완전히 자유로워지는 데 있다.
- 마하트마 간디

❸ Q. 마음의 평화를 위해 하고 있는 일이 있나요?
간단한 취미나 운동, 습관 무엇이든 좋습니다.

❹ 2022 5분 정도 간단히 명상을 했다.
머릿속이 복잡했는데,
잡생각을 지울 수 있어서 좋았다.

2023

2024

12월
7일

성장 **Growth**

오늘의 미라클 해빗

우리의 본질은 우리가 반복적으로 행하는 일이다.
그렇다면 탁월성은 한 번의 행동이 아니라 습관이다.
- 아리스토텔레스

Q. 올해 좋은 습관으로 장착시킨 것이 있나요?
지난해와 비교해 자신의 생활을 돌아보세요.

2022 꾸준히 일기를 썼다!
지난 일기들을 읽어보니 뿌듯하다.
한 해를 잘 버텨낸 내가 자랑스럽다. ❺

2023

2024

❻ December

❺ 오늘의 일기

매일 서로 다른 인생 질문에 답을 적어보세요. 단 한 줄이라도 괜찮습니다. 다만 내 마음을 충분히 들여다보고 솔직하게 답해주세요. 하루 5분의 작은 습관을 꾸준히 반복하면 한 달 뒤, 나는 완전히 다른 삶을 살게 될 것입니다.

❻ 월별 인덱스

1월부터 12월까지 차례로 정렬되어 있어 오늘의 일기를 쓸 페이지를 간편하게 찾을 수 있도록 도와줍니다. 책의 옆면만 살펴봐도 오늘이 일 년 중 어느 지점에 해당하는지 체크할 수 있습니다.

1월
1일

오늘의 미라클 해빗

새해 첫날, 당신은 지금까지 충분히 잘 살아왔다.
먼저 지구별에 인간으로 태어난 것! 성공이다.
이 글을 읽을 수 있고 이해한다는 것! 성공이다.
그 언젠가는 하지 못했던 것들을 해냈다! 충분히 잘해냈다!

Q. 그간 열심히 살아온 나 자신에게 참 잘해왔다고 말해주세요. 최근에 내가 가장 자랑스러웠던 순간은 언제인가요?

20

20

20

오늘의 미라클 해빗

"네가 그걸 어떻게 하니? 절대로 못 할 거야. 꿈 깨!"
당신의 가능성을 믿지 못하는 주위 사람들에 화가 나는가?
그들 스스로 해낼 자신이 없기 때문에
그런 말을 하는 것이다.

**Q. 그들의 진실이 내 삶의 진실이 되도록 허락하지 마세요.
이 순간 진정 내가 이루고 싶은 것은 무엇인가요?**

20

20

20

1월
3일

오늘의 미라클 해빗

'아낌없이 주는 것.'
이것이 바로 풍요로움을 누릴 수 있는 가장 쉬운 방법이다.
남에게 넉넉하게 주었을 때 그 풍요로움은
돌고 돌아 다시 당신에게 돌아올 것이다.

**Q. 흔히 부는 풍요를 가져오고, 행복을 준다고 합니다.
돈이 많을수록 나는 더 행복해질까요?**

20

20

20

1월
4일

오늘의 미라클 해빗

가끔은 좋아하는 것에 흠뻑 빠져보세요.
– 〈곰돌이 푸〉

Q. 요즘 내가 푹 빠져 있는 것은 무엇인가요?
그것을 할 때 어떤 마음이 드나요?

20

20

20

1월
5일

오늘의 미라클 해빗

억울하다는 생각에서 자유로울 수 있다면
당신은 마음의 평온을 찾을 수 있을 것이다.
당신을 강하게 만들지 않는 생각은 모두 마음에서 버려라.

Q. 마음의 평온은 건강한 몸에서 나옵니다.
요즘 규칙적으로 잘 자고, 잘 일어나고 있나요?

20

20

20

1월
6일

오늘의 미라클 해빗

충분히 높은 목표는 나를 설레게 하기도 하고,
동시에 두렵게 하기도 한다.
- 밥 프록터

**Q. 대다수의 사람은 낮은 목표를 세워 자신을 제한합니다.
나의 올해 목표는 무엇인가요?**

20

20

20

1월
7일

오늘의 미라클 해빗

상상 속에서 가진 것들에 대해서도
신에게 감사할 줄 아는 사람은
진정한 믿음을 가진 자로서 부자가 될 사람이다.
- 월러스 워틀스

Q. 감사는 미래의 에너지를 끌어당겨 그 일이 일어나게 돕습니다. 나는 무엇에 미리 감사하나요?

20

20

20

1월
8일

오늘의 미라클 해빗

나는 유별나게 머리가 똑똑하진 않다.
특별한 지혜를 가진 것도 아니다.
다만 변화하고자 하는 마음을 행동으로 옮겼을 뿐이다.
- 빌 게이츠

**Q. 세상에 똑똑한 사람은 많지만, 행동하는 사람은 적습니다.
나를 움직이게 하는 것은 무엇인가요?**

20

20

20

1월
9일

오늘의 미라클 해빗

좋은 인간관계를 만들지 못하면 성공할 수 없다.
주변 사람을 험담하는 데 많은 시간을 들이는 사람은
정신적으로나 경제적으로 대가를 치르기 마련이다.

Q. 내 주위 사람들의 좋은 점은 무엇인가요?
한 사람을 칭찬하고 그 느낌을 써봅시다.

20

20

20

1월
10일

오늘의 미라클 해빗

돈에는 자기에게 지나치게 집착하는 사람을
멀리하려는 성질이 있다.
즉, '없으니까 갖고 싶다'는 결핍의 감정은
결국 부에서 자신을 더욱 멀어지게 할 뿐이다.

Q. 나에게 돈은 ____________________ 이다.
돈에 대한 자신의 철학을 써보세요.

20

20

20

1월
11일

오늘의 미라클 해빗

나는 힘과 자신감을 찾아 항상 바깥으로 눈을 돌렸지만,
자신감은 내면에서 나온다.
자신감은 항상 그곳에 있다.
- 안나 프로이트

**Q. 내 안의 몰랐던 힘을 느낀 때가 있었나요?
언제였나요?**

20

20

20

1월
12일

오늘의 미라클 해빗

마음 근육을 강화시키는 것과 동시에
몸 근육을 강화시키는 것 또한 중요하다!
행복한 성공을 원한다면 매일 조금씩 체력을 키우자!

Q. 오늘 운동을 했나요?
일주일에 몇 번 운동을 하나요?

20

20

20

1월
13일

오늘의 미라클 해빗

자기계발? 머리로만 아는 자기계발은 아무 소용이 없다.
실천 없이는 가슴으로 느낄 수 없고,
결코 성장할 수 없기 때문이다.
그러므로 당신 안의 무한한 힘도 느낄 수 없다.

**Q. 의지와는 달리, 하지 않았던 일에 대해 생각해봅시다.
내가 하고 싶었지만, 하지 않은 일은 무엇인가요?**

20

20

20

1월
14일

오늘의 미라클 해빗

행복은 종이 한 장 차이다.
그것은 지금 바로 내가 가지고 있는 것에 대한
감사함에서 시작된다.

Q. "고맙습니다." 참 흔한 말이지만 뜻밖에 자주 말하지 않는 말입니다. 오늘 고맙다는 말을 몇 번이나 했나요?

20

20

20

1월
15일

오늘의 미라클 해빗

'나는 그림에 재능이 없는걸!'이라는 마음의 소리가 들리면,
반드시 그림을 그려보아야 한다.
그 소리는 당신이 그림을 그릴 때 잠잠해진다.
- 빈센트 반 고흐

**Q. 현재 내 직업은 내가 잘하는 일인가요?
좋아하는 일인가요?**

20

20

20

1월
16일

오늘의 미라클 해빗

세상 사람 모두가 나를 좋아할 수 없다.
누군가가 나를 비난하면
원래 나를 싫어하는 사람 중 한 사람이라고 생각하라.
나는 내가 좋아하는 사람들에게 집중하면 된다.

**Q. 싫은 사람을 신경 쓰느라 소중한 사람을 놓칠 필요는 없겠죠.
나에게 소중한 사람은 누구인가요?**

20

20

20

1월
17일

오늘의 미라클 해빗

내가 상대를 좋아해야
상대도 나를 좋아하듯이
내가 부를 좋아해야 부도 나를 좋아한다.

**Q. 나는 부유하기를 꿈꾸나요? 그 이유는 무엇인가요?
내가 부유함을 꿈꾸지 않는다면, 무엇 때문일까요?**

20

20

20

1월
18일

오늘의 미라클 해빗

행운은 매달 찾아온다.
그러나 준비되어 있지 않으면 거의 다 놓치고 만다.
이번 달에는 그 행운을 놓치지 마라.
- 데일 카네기

**Q. 지금 이 순간에도 나를 위한 행운은 준비되어 있습니다.
오늘은 어떤 행운이 있었나요?**

20

20

20

1월
19일

오늘의 미라클 해빗

플라시보 효과는 강력하다.
환자가 정말로 약이 효과가 있다고 믿으면,
자신이 믿는 대로 효과가 나타난다.

**Q. 최근 아픈 적이 있었나요?
그때의 마음 상태는 어땠나요?**

20

20

20

오늘의 미라클 해빗

나서야 하는 순간이라고 의욕이 생기는 것은 아니다.
삶을 더 나은 방향으로 바꾸고 싶다면 자리에서 일어나 스스로 등을 떠밀어야 한다.
- 멜 로빈스

Q. 오늘은 잘해내고 있는 나 자신을 칭찬해줍시다.
내가 하고 싶지 않았지만, 하고 있는 일은 무엇인가요?

20

20

20

1월
21일

오늘의 미라클 해빗

지금 우리를 향해 다가오고 있는
미지의 축복에 감사하라.
- 아메리카 원주민 속담

**Q. 돌아보니 '축복'이었다고 느껴지는 순간은 언제였나요?
어떤 일이 있었는지 적어봅시다.**

20

20

20

1월
22일

오늘의 미라클 해빗

다른 누군가가 당신의 꿈을 확인하는 것은
전혀 중요치 않다.
정말 중요한 것은 자신이 꿈을 꾸고 그것을 믿는 것이다.

**Q. 꿈은 떠올리고, 기록하는 순간 현실에 가까워집니다.
올해 나의 커리어에 대해 어떤 기대를 하고 있나요?**

20

20

20

1월
23일

오늘의 미라클 해빗

좋아하는 사람이 떠나고 재산이 사라졌다면
애초에 당신 것이 아니었다는 뜻이다.
원래 당신 것이 아니었으므로 잃어도 상관없다.
- 법화경

**Q. 최근에 말다툼을 하거나 감정이 상한 적이 있나요?
무슨 일 때문이었나요?**

20

20

20

1월
24일

오늘의 미라클 해빗

타인의 부를 질투하는 것은
스스로 부에 대해 부정적인 감정을 갖는 것이고,
따라서 잠재의식도 부정하고 받아들이지 않는 것이다.
- 조셉 머피

**Q. 앞으로 몇 년 동안 얼마나 자산을 축적할 것인가요?
어떤 계획이 있나요?**

20

20

20

1월
25일

오늘의 미라클 해빗

가장 만족스러웠던 날을 생각해보라.
그날은 아무것도 하지 않고 편히 쉬기만 한 날이 아닌,
할 일이 태산이었는데도 결국은 그것을 모두 해낸 날이다.
- 마거릿 대처

**Q. 최근에 성취감을 느낀 것은 언제였나요?
무슨 일을 해냈나요?**

20

20

20

1월
26일

오늘의 미라클 해빗

나에게 애정을 기울여서 완벽한 건강 상태를 만든다.
내 몸은 건강해지는 법을 알고 있으며,
나는 건강한 음식과 음료를 섭취하고
내가 즐길 수 있는 방법으로 운동을 할 것이다.

Q. 한 끼의 식사가 모여 더욱 건강한 나를 만듭니다.
어제 저녁 식사로 먹은 음식은 나를 사랑해주는 음식이었나요?

20

20

20

1월
27일

오늘의 미라클 해빗

어려운 시기에 찾아오는 스트레스는 힘들지만,
반대로 나를 성장시킨다. 그러다 어느 순간 힘든 일들은
해결되고 걱정을 털어내는 때가 반드시 온다.

**Q. 스트레스가 많은 지금의 시간도 곧 지나갈 것입니다.
스트레스를 해소하는 나만의 방법은 무엇인가요?**

20

20

20

1월
28일

오늘의 미라클 해빗

세상에서 가장 행복한 사람은
감사하며 사는 사람이다.
- 탈무드

**Q. 나의 삶을 한 편의 영화로 만든다고 생각해봅시다.
오늘까지의 내 삶을 한 문장으로 정리해본다면 어떨까요?**

20

20

20

1월 29일

오늘의 미라클 해빗

당신이 할 수 있거나 꿈꾸는 모든 일을 시작하라.
새로운 일을 시작하는 용기 속에 당신의 천재성과 능력, 그리고 기적이 숨어 있다.
- 요한 볼프강 폰 괴테

Q. 1월 6일에 쓴 올해 목표를 되짚어봅시다. 목표에 맞는 일을 하고 있나요?

20

20

20

1월
30일

오늘의 미라클 해빗

내 앞에 있는 사람을 좋은 사람이라고 생각하고
그렇게 믿고자 하면
그 사람은 반드시 좋은 사람이 된다.

**Q. 혹시 지금 미워하는 사람이 있나요?
누군가를 미워하지 않으려면 어떻게 해야 할까요?**

20

20

20

1월
31일

오늘의
미라클 해빗

돈이 없는 게 문제가 아니다.
비전이 없는 게 문제다.
- 샘 월튼

**Q. 나는 10년 뒤, 20년 뒤에 무엇을 하고 있을까요?
구체적인 상을 그려봅시다.**

20

20

20

오늘의 미라클 해빗

행복의 비밀은 자신이 좋아하는 일을 하는 것이 아니라,
'자신이 하는 일'을 좋아하는 것이다.
내가 변할 때 삶도 변한다. 내가 좋아질 때 삶도 좋아진다.

**Q. 요즘 가장 많은 시간을 들여 하고 있는 일은 무엇인가요?
그 일은 나에게 도움이 되는 일인가요?**

20

20

20

2월
2일

오늘의 미라클 해빗

새 옷으로 갈아입으려면 낡은 옷에서 벗어나야 한다.
낡은 옷을 벗지 않고는 새 옷을 입을 수가 없기 때문이다.
모든 길과 소통하려면 그 어떤 길에도 매이지 말아야 한다.
- 법정 스님

Q. 가장 버리고 싶은 과거의 내 모습은 무엇인가요?
과거의 나에게서 벗어나기 위해 무엇을 할 수 있을까요?

20

20

20

2월
3일

오늘의 미라클 해빗

실패한 자와 성공한 자의 유일한 차이점은 습관이다.
좋은 습관은 성공에 이르는 열쇠이다.
나쁜 습관은 활짝 열린 실패의 문이다.
- 오그 만디노

**Q. 내가 가진 습관 중에 좋은 습관은 무엇인가요?
끊고 싶은 나쁜 습관은 무엇인가요?**

20

20

20

2월
4일

오늘의 미라클 해빗

인간은 이 세상에서
단 한 번밖에 살지 않는다.
- 요한 볼프강 폰 괴테

**Q. 죽음 이후의 세계가 있다고 생각하나요?
그곳은 어떤 곳일까요?**

20

20

20

2월
5일

오늘의 미라클 해빗

살고자 하면 죽을 것이고
죽고자 하면 살 것이다.
- 이순신

**Q. 지금까지 인생에서 온 마음을 다해 행동해본 적이 있나요?
죽기 살기로 해본 뒤의 기분은 어땠나요?**

20

20

20

2월
6일

오늘의 미라클 해빗

나의 가치는 다른 사람에 의해 검증될 수 없다.
내가 소중한 이유는 내가 그렇다고 믿기 때문이다.
다른 사람으로부터 나의 가치를 구하려 든다면
그것은 다른 사람의 가치가 될 뿐이다.

Q. 나의 가치는 무엇일까요?
나 자신의 강점을 써봅시다.

20

20

20

2월
7일

오늘의 미라클 해빗

원하는 이미지를 마음속에 선명하고 명확하게 그려야 한다.
원하는 것이 무엇인지 명확하게 표현하라.
'얻게 되리라는 것을 믿으라.'
- 월러스 워틀스

**Q. 내가 가진 것을 명확하게 아는 것이 중요합니다.
현재 나의 자산 총액은 어느 정도인가요?**

20

20

20

2월
8일

오늘의 미라클 해빗

인생은 짧고 또 길어서
마지막까지 함께할 수 있는 것은 오직 자신뿐이다.
자기 자신과 잘 지내는 사람이 행복한 일상을 산다.

Q. 요즘 나 자신을 행복하게 해주고 있나요?
내일부터 나는 나와의 시간을 ____________분(시간) 동안 갖겠습니다.

20

20

20

2월
9일

오늘의 미라클 해빗

의사 랄크 소크만은 암보다 무서운 병이 있다고 발표했다. '짜증'이라는 병이다. 부정적 생각은 매사를 짜증스럽게 하고, 결국 송충이처럼 당신의 행복을 갉아먹고 말 것이다.

Q. 최근 어떤 일이 나를 짜증스럽게 하나요?
짜증이 날 때 어떻게 기분을 전환할 수 있을까요?

20

20

20

2월
10일

오늘의 미라클 해빗

중요한 것은 누군가로 태어나는 게 아니라
어떤 사람으로 성장하는가이다.
- J.K. 롤링

**Q. 앞으로 어떤 사람으로 성장하고 싶은가요?
그러기 위해서 무엇부터 해보면 좋을까요?**

20

20

20

2월
11일

오늘의 미라클 해빗

감사하는 마음을 갖기 위해 노력하다 보면
인생이 감사한 일로 넘쳐흐를 것이다.
감사한 마음으로 오늘 일어났던 일들을 떠올려보라.
당신의 인생이 달라질 것이다.

Q. 오늘 주위 사람들에게 가장 많이 한 말은 무엇인가요? 긍정적인 말이었나요?

20

20

20

2월
12일

오늘의 미라클 해빗

어제는 역사, 내일은 수수께끼, 오늘은 신의 선물이다.
그래서 오늘을 '선물(Present)'이라고 부른다.
- 조안 리버스

Q. 오늘 하루도 고생 많으셨습니다.
오늘의 자신에게 점수를 매긴다면, 몇 점을 줄 수 있을까요?

20

20

20

2월
13일

오늘의 미라클 해빗

아무런 생각 없이 말하고 있는 건 아닌가?
한번 입에서 나온 말은 돌이킬 수 없다는 걸 기억하면,
말하기 전에 다시 한번 생각하게 된다.

**Q. 최근, 말실수를 한 적이 있나요?
반복하지 않으려면 무엇을 해야 할까요?**

20

20

20

2월
14일

오늘의 미라클 해빗

부자가 재산을 자랑하더라도 그 부를 어떻게 모았는가,
그리고 어떻게 쓰는가를 알기 전에는 칭찬하지 마라.
- 소크라테스

**Q. 현재 나의 부채는 얼마나 되나요?
부채를 갚아나갈 어떤 계획이 있나요?**

20

20

20

2월
15일

오늘의 미라클 해빗

나는 완전히 행복하다.
맛있는 음식, 진한 커피, 향기로운 포도주.
햇빛이 금빛으로 사치스럽게, 숭고하게 쏟아지는 길을 걷는 일.
그것만으로도 나는 행복하다.
- 전혜린

Q. 돌아보면 행복은 아주 작은 것에서도 찾을 수 있습니다.
오늘 있었던 기분 좋은 일은 무엇이었나요?

20

20

20

2월
16일

오늘의 미라클 해빗

웃음은 기쁨을 끌어당기고,
부정성을 내쫓으며,
병을 기적적으로 치유한다.

**Q. 오늘 몇 번 크게 웃었나요?
그 느낌은 어땠나요?**

20

20

20

2월
17일

오늘의 미라클 해빗

자신이 누구인지 제대로 알고 있는 사람은 많지 않다.
자신에 대해 잘못 알고 있다가 그 착각이 깨지는 순간,
그때 비로소 성장이 이루어진다.

**Q. 어렸을 때 상상했던 지금 나이의 내 모습은 어땠나요?
그 모습과 현재의 나는 무엇이 다른가요?**

20

20

20

2월
18일

오늘의 미라클 해빗

매일 똑같은 행동을 반복하기란 쉽지 않다.
그러나 가슴을 뜨겁게 하는 목표가 생기면
지루하고 지긋지긋하게 느껴졌던 행동조차도
행복한 과정으로 변화한다.

**Q. 가슴 뛰는 목표가 있다면 매일이 흥미진진할 테지요.
내일, 어떤 일이 일어나기를 바라나요?**

20

20

20

2월
19일

오늘의 미라클 해빗

사람은 누구나 자기가 할 수 있다고 생각하는 것,
그 이상의 것을 할 수 있다.
- 헨리 포드

Q. 살면서 얻은 별명, 호칭, 직책이나 역할은 무엇인가요?
어떤 호칭이나 별명으로 불릴 때가 가장 좋은가요?

20

20

20

2월
20일

오늘의 미라클 해빗

계속해서 상처를 주는 사람들은 사포라고 생각하라.
나를 긁어대며 상처 입히겠지만 결국 당신은 윤이 나고
그들은 쓸모없어질 것이다.

Q. 나는 ________로부터 상처받았지만 ________은(는) 나에게 사포였을 뿐이었습니다. 이 문장을 완성해보세요.

20

20

20

2월
21일

오늘의 미라클 해빗

침묵하라.
단련하라.
당신 자신을 뜨겁게 응원하라!
'때'가 되었을 때 당신은 정금처럼 찬란하게 빛을 발하리라!

**Q. 현재 나의 투자 현황은 어떤가요?
최근 3개월간의 수익률은 어떤가요?**

20

20

20

2월
22일

오늘의 미라클 해빗

당신은 행복을 선택할 자유가 있고,
또 행복을 당신의 습관으로 만들 수도 있다.
- 조셉 머피

Q. 내일 아침 눈뜬 순간부터, 어떤 행복한 생각을 해볼까요?
내가 결정한 그 생각대로 나의 매일이 결정됩니다.

20

20

20

2월
23일

오늘의 미라클 해빗

Anger(분노)에 한 글자만 더하면 Danger(위험)가 된다.
작은 일에도 버럭 하는 마음이 들어 쉽게 분노한다면
'내가 그라면 어떤 기분일까?' 상대의 입장을 헤아려보자.

Q. 최근에 나를 화나게 한 사람이 있나요?
내가 그 입장이라면 어떤 기분일까요?

20

20

20

2월
24일

오늘의 미라클 해빗

당신이 꿈꿀 수 있다면,
당신은 그것을 성취할 수도 있다.
기회는 준비하는 자에게 온다.
- 월트 디즈니

**Q. 스스로 포기하지 않는 이상 나의 한계는 없어요.
해낼 수 없을 거라 생각했는데 성취한 적이 있었나요?**

20

20

20

2월
25일

오늘의 미라클 해빗

거울 속 자신의 모습을 똑바로 쳐다보라.
당신이 모르는 무한한 힘을 가진 당신은
자신이 생각한 대로 인생을 바꿀 수 있는 위대한 존재이다.

Q. 자신을 꼭 안아주세요. 그리고 외치세요.
'나는 내가 참 좋다!' 나에게 힘이 되는 한마디를 써주세요.

20

20

20

2월
26일

오늘의 미라클 해빗

나는 10대 시절부터 세계의 모든 가정에
컴퓨터가 한 대씩 설치되는 것을 상상했고,
반드시 그렇게 만들고야 말겠다고 외쳤다.
그게 시작이었다.
- 빌 게이츠

Q. 상상하고 꿈을 꾸는 사람은 강력합니다.
급여가 끊기지 않고 시간에 자유롭다면, 어떤 일을 하고 싶나요?

20

20

20

2월
27일

오늘의 미라클 해빗

누군가와 함께 책을 읽고,
함께 쓰고, 함께 산책하는 삶을 사고 있는가?
당신은 이미 인생에서 가장 큰 행복을 발견한 것이다.
- 보조마 세인트 존

**Q. 최근 읽은, 혹은 읽고 싶은 책은 무엇인가요?
그 이유는 무엇인가요?**

20

20

20

2월
28일

오늘의 미라클 해빗

부자가 되고 싶다면 큰 숫자를 좋아하자.
특히 받고 싶은 연봉을 생각할 때도
가슴이 두근거릴 정도로 큰 금액을 꿈꿔야 한다.

**Q. 잠재의식은 언제나 내가 강하게 생각하는 것에 반응합니다.
나는 한 달에 얼마를 벌고 싶은가요?**

20

20

20

2월
29일

오늘의 미라클 해빗

4년 만에 맞이한 특별한 하루! 바로 오늘이다!
행복은 원하는 것을 얻는 게 아니라,
이미 내가 가진 것들을 깨닫는 것에서 온다.

**Q. 4년에 한 번 맞이하는 특별한 하루입니다.
오늘 나에겐 어떤 특별한 일이 있었나요?**

20

20

20

3월
1일

오늘의 미라클 해빗

무슨 일이든 조금씩 차근차근 해나가면
그리 어렵지 않다.
- 헨리 포드

Q. 초조한 감정은 자신을 해칠 뿐입니다.
새로운 마음으로 시작할 3월의 목표는 무엇인가요?

20

20

20

3월
2일

오늘의 미라클 해빗

우리가 진정 원하는 것에 온전히 집중할 때,
우리는 나도 모르게 성장하고 있는 것이다.

**Q. 나는 지금 무엇에 집중하고 있나요?
그 일은 나를 목표대로 이끄는 것인가요?**

20

20

20

3월
3일

오늘의 미라클 해빗

행복은 결코 많고 큰 데만 있는 것이 아니다.
작은 것을 가지고도 고마워하고 만족할 줄 안다면
그는 행복한 사람이다.
- 법정 스님

**Q. 나만의 소확행(소소하지만 확실한 행복) 리스트가 있나요?
세 가지만 써봅시다.**

20

20

20

3월
4일

오늘의 미라클 해빗

우리의 미래는 절대 과거와 같지 않다!
가장 중요한 것은 어제가 아니라
'지금 이 순간' 무엇을 하고 있느냐에 있다.
현재의 행동이 나의 미래를 바꾸기 때문이다.

Q. 오늘 어떤 일을 열심히 했나요?
혹은 오늘 했어야 할 일을 다 못하지는 않았나요?

20

20

20

3월
5일

오늘의 미라클 해빗

인생에서 인간이 가질 수 있는 모든 것은
가족과 친구라는 것을 알게 되었다.
이들을 잃게 되면 당신에겐 아무것도 남지 않는다.
- 트레이 파커

**Q. 혼자서는 인생의 기나긴 길을 오래 걸어갈 수 없습니다.
친구와 가족에게 해주고 싶은 사랑의 말은 무엇인가요?**

20

20

20

3월
6일

오늘의 미라클 해빗

부자들의 마음이 편안한 것은 돈이 많아서가 아니다.
오히려 돈에 대해 편안한 마음을 가지고 있기에
돈이 저절로 그들을 찾아드는 것이다.

Q. 돈 이야기를 할 때 편안한가요?
부에 대해 편안한 마음은 어떻게 가질 수 있을까요?

20

20

20

3월
7일

오늘의 미라클 해빗

나를 향한 비난에 나를 맡기지 마세요.
때로는 습관적으로 타인을 비난하는 사람의 말을
흘려들으며 나를 지킬 필요가 있습니다.

Q. 내가 특별히 긴장하는 상대나 상황이 있나요?
1년 뒤의 나는 분명, 지금보다 더욱 단단해져 있을 것입니다.

20

20

20

3월
8일

오늘의 미라클 해빗

원망을 내려놓는다면 누구도 당신에게 상처를 줄 수 없다.
내려놓으라. 내려놓으면
세상이 당신의 일부가 될 것이다.
- 법화경

Q. 원망의 대상이 있다면 기꺼이 나 자신을 내려놓는 연습을 해보세요. 그 첫 번째로 무엇을 할 수 있을까요?

20

20

20

3월
9일

오늘의 미라클 해빗

모든 것은 지나가고
내가 해결할 수 없는 문제는 없다.

**Q. 자신이 강한 사람이라고 생각하나요?
아니면 약한 사람이라고 생각하나요? 그 이유는 무엇인가요?**

20

20

20

오늘의 미라클 해빗

스스로 깎아내리기를 멈추고 복을 받고 싶다면
불평불만을 그만두고 감사하는 마음을 가져라.
감사하는 마음이야말로 이 세상에서 가장 강한 힘이다.

**Q. 내가 나를 인정하지 않는다면, 누구에게서도 인정받을 수 없습니다.
지금의 나를 있게 한 주요한 사건이나 상황은 무엇인가요?**

20

20

20

3월
11일

오늘의 미라클 해빗

우리가 어떤 일을 감히 하지 못하는 것은
그 일이 너무 어렵기 때문이 아니라
어렵다는 생각에 사로잡혀 시도하지 않기 때문이다.

**Q. 안 될 거라는 생각 때문에 시도조차 못 했던 일이 있었나요?
이제 내 안에 있는 한계를 깨부술 때입니다.**

20

20

20

3월
12일

오늘의 미라클 해빗

노여움을 표현하지 말고 노여움을 설명하세요.
그러면 논쟁 대신에 해결책을 찾게 될 겁니다.
- 리투 가투리

Q. 화가 머리끝까지 났을 때 어떤 식으로 말하나요?
어떻게 하면 화를 내기 전에 이성적으로 말할 수 있을까요?

20

20

20

3월
13일

오늘의 미라클 해빗

"한강에 물이 말라도 당신에겐 돈이 마르지 않을 거야!"
사업 실패 이후, 죽고 싶던 그 순간. 어느 여성 사업가를 살린 한마디. 인생에 돈이 없다는 점쟁이의 말을 반대로 되새기며, 그녀는 1년 만에 빚을 다 갚고, 몇십억의 자산가가 되었다.

Q. 끊임없이 자기최면으로 마음에 새긴 그대로 이룬 것입니다. 자, 나는 나 자신에게 어떤 말을 해주고 싶은가요?

20

20

20

3월
14일

오늘의 미라클 해빗

인생에 대한 답은 항상 당신 안에 있다.
당신이 해야 할 것은 단지 찾아보고,
듣고, 믿는 것이다.
답은 항상 당신 안에 있다.

**Q. '당신은 누구인가요?'라는 질문을 들으면, 어떻게 대답할 건가요?
나는 나 자신을 어떻게 정의할 수 있을까요?**

20

20

20

3월 15일

오늘의 미라클 해빗

과거의 문제에 집착하며 아직도 전전긍긍하고 있다면 마음으로부터 완전히 놓아주어야 한다. 그렇게 할 때, 더 좋은 것을 내 앞으로 끌어올 힘이 크게 증가된다.
- 캐서린 폰더

Q. 과거를 계속 돌아보면서 앞으로 나아갈 수 없습니다. 잊고 싶은 과거의 일이 있나요?

20

20

20

3월
16일

오늘의 미라클 해빗

전구를 발명하려고 천 번이나 실패를 거듭한 일을 묻자
에디슨은 이렇게 대답했다.
"저는 천 번을 실패한 것이 아닙니다.
단지 전구는 천한 번째에 발명된 거죠."

Q. 지금껏 내가 했던 가장 큰 실패는 무엇이었나요?
그 경험을 통해 무엇을 얻었나요?

20

20

20

3월
17일

오늘의 미라클 해빗

기적을 보기 위해 힘들게 찾아다닐 필요는 없다.
애벌레가 나비가 되고, 가냘픈 풀이 아름다운 꽃을 피우고,
작은 도토리가 커다란 참나무로 자라는 것.
이보다 더 놀라운 기적이 또 어디 있겠는가!

Q. 생각을 바꾸면 눈길이 닿는 곳마다 기적이 보입니다.
오늘 나의 시선을 끈 것은 무엇인가요?

20

20

20

3월
18일

오늘의 미라클 해빗

꿈을 실현할 수 있다는
바로 그 가능성이
삶을 흥미롭게 만든다.

**Q. 노력이 미래를 바꿀 수 있다고 생각하나요?
그렇게 생각하는 이유는 무엇인가요?**

20

20

20

3월
19일

오늘의 미라클 해빗

사랑을 얻으려면 자신을 가득 채워
자석이 되게 하라.
- 찰스 해넬

Q. 자신을 사랑하고 존중하면, 나를 사랑하고 존중하는 사람들을 끌어당기게 됩니다. 최근에 나 자신을 위해 한 일은 무엇인가요?

20

20

20

3월 20일

오늘의 미라클 해빗

얼마를 저축하느냐보다
저축하는 습관을 갖고 있다는 사실이 더 중요하다.
그런 습관이야말로 자제력을 실천하고 있음을
의미하기 때문이다.

**Q. 저축을 잘하고 있는지 스스로 돌아봅시다.
지금 한 달에 얼마나 저축을 하고 있나요?**

20

20

20

3월
21일

오늘의 미라클 해빗

좀 더 자주 미소 짓고, 더 소리 내어 웃으세요.
그 에너지가 나쁜 것들을 떨어져 나가게 할 것입니다.
당신은 최고의 행복을 누릴 자격이 있습니다.

Q. 시원하게 웃어보세요! 더 크게 웃어보세요!
요즘 나를 환하게 웃게 하는 일은 무엇인가요?

20

20

20

3월
22일

오늘의 미라클 해빗

"내가 가장 좋아하는 실수는 완전히 일을 망쳤을 때다.
다음 날 일어났을 때도 세상이 끝나지 않았기 때문이다."
기억하라. 나를 무너뜨릴 수 있는 실수는 없다.

**Q. 최근에 한 실수 중에 계속 마음에 남아 있는 일이 있나요?
똑같은 실수를 반복하지 않으면, 오히려 더 나은 삶으로 이어질 것입니다.**

20

20

20

3월
23일

오늘의 미라클 해빗

무한한 가능성이 열려 있는
새로운 시기의 서막이 빛나고 있다.
- 라이너 마리아 릴케

**Q. 나만의 아침 루틴은 무엇인가요?
오늘 아침에 일어났을 때 기분이 어땠나요?**

20

20

20

3월
24일

오늘의 미라클 해빗

살아 있음에 감사하는 사람과 만나라.
온 주위를 따뜻하게 할 것이다.

**Q. 내 주위에는 감사하는 사람들이 많은가요?
나는 작은 것들에도 감사하는 편인가요?**

20

20

20

3월
25일

오늘의 미라클 해빗

모든 창조는 생각으로부터 비롯된다.
그러므로 생각에 주의를 기울여야 한다.
우리의 생각이 바로 우리의 인생을 만든다.

Q. 요즘 가장 자주 검색하는 키워드는 무엇인가요?
그 키워드에서 새로운 아이디어를 얻은 것이 있다면 무엇인가요?

20

20

20

3월
26일

오늘의 미라클 해빗

미국 유통 선두주자인 노드스트롬 백화점 임원의 말이다.
"일이 안 풀릴 때는 매장을 30분간 돌아다닙니다.
그러면 반드시 답을 알고 있는 고객을 만나게 되죠."

Q. 최근에 ___________ 을(를) 만났어요.
그 사람에게서 ___________을(를) 배울 수 있었습니다.

20

20

20

3월
27일

오늘의 미라클 해빗

부는 돈이 찾아올 거라는 우리의 믿음과 계획에 달려 있다.
그 믿음과 계획의 방향이 맞는다면
매일 놀라운 방법으로 내 삶에 풍요가 흘러들어올 것이다.

Q. 재테크를 위해서 하고 있는 일이 있나요?
없다면 무엇부터 시작해볼까요?

20

20

20

3월
28일

오늘의 미라클 해빗

우리는 1년 후면 다 잊어버릴 슬픔을 간직하느라고
무엇과도 바꿀 수 없는 소중한 시간을 낭비하고 있다.
소심하게 굴기에 인생은 너무나 짧다.
- 데일 카네기

Q. 슬픔은 '문제를 간직한 자'의 것, 행복은 '해결을 믿는 자'의 것입니다. 나를 불행하게 만드는 일, 그리고 행복하게 만드는 일은 무엇인가요?

20

20

20

3월
29일

오늘의 미라클 해빗

근심하고 있을 때는 진실로 생각하고 있는 것이 아니다.
참다운 사고는 근심으로부터 자유로운 것이다.
- 조셉 머피

**Q. 최근에 걱정스러운 일이 있었나요?
문제가 완전히 해결되면 얼마나 기쁠지 상상해보세요.**

20

20

20

3월
30일

오늘의 미라클 해빗

안전한 삶은 현실적으로 존재하지 않는다.
인생은 위험을 무릅쓰거나 아무것도 하지 않거나
둘 중 하나다.
- 헬렌 켈러

**Q. 새로운 일을 시도하지 않으면 아무런 성장도 없습니다.
최근에 처음 경험한 일이 있나요?**

20

20

20

20

3월
31일

오늘의 미라클 해빗

가장 좋은 것은 아직 오지 않았다.
가장 좋은 날도 아직 오지 않았다.
- R. 브라우닝

**Q. 여전히 나의 삶에는 수많은 좋은 순간들이 놓여 있습니다.
오늘이 인생 마지막 날이라면 무엇을 하고 싶나요?**

20

20

20

4월
1일

오늘의 미라클 해빗

오늘은 만우절, 잠시 일과 미래에 대한 걱정은 내려놓고
진짜 행복한 날을 보내보자!
카르페 디 엠(Carpe Diem)! 지금 이 순간을 즐겨라!

Q. 오늘 가슴 설레고 즐거운 일이 있었나요?
어떤 일들이었나요?

20

20

20

4월
2일

오늘의 미라클 해빗

다른 사람의 평가에 연연하는 것은
다른 사람이 나를 어떻게 생각하느냐가
스스로 나를 어떻게 생각하느냐보다 훨씬 중요하다고
여기는 것이다.
- 웨인 다이어

Q. 어느덧 1년의 한 분기가 지났습니다.
지난 3개월간의 자신을 어떻게 평가하나요?

20

20

20

4월
3일

오늘의 미라클 해빗

돈이 없다고 초조해하거나 걱정하는 것은
아무 도움이 되지 않는다.
오히려 상황을 더욱 악화시킬 뿐이다.

Q. 최근 경제적 문제로 불안하거나 초조한 상황이 있었나요?
일단 침착하게 해결할 방법을 생각해보세요. 답은 내 안에 있습니다.

20

20

20

4월
4일

오늘의 미라클 해빗

진실한 마음으로 누군가에게 베풀 때
비로소 굉장한 행복감이 찾아든다.

Q. 주위 사람에게 무엇을 줄 수 있을까요?
주는 기쁨을 실천하고 그 행복감을 써봅시다.

20

20

20

오늘의 미라클 해빗

사랑과 감사함은 우리 삶의 모든 부정성을
녹여 없애준다고 말한다.
그 어떤 질병도 고칠 수 있다.

Q. 부정적인 마음보다는 긍정적인 마음이 더 많은 기회를 불러옵니다. 최근 겪은, 마음이 따뜻해지는 경험을 말해주세요.

20

20

20

4월
6일

오늘의
미라클 해빗

단 한순간에, 한방에 이루어지는 것은 없다.
힘든 하루하루 '점'의 반복이 모여 '선'이 되고,
그 '선'이 모여 인생 걸작의 '면'이 완성되는 것이다.

Q. 오늘의 '나'는 혼자 만들어지지 않았습니다.
지금의 나를 있게 한 가장 고마운 사람은 누구인가요?

20

20

20

오늘의 미라클 해빗

일어나면 항상 감사히 여겨라.
비록 오늘 많은 것을 배우지는 못했을지라도,
조금이라도 뭔가를 배웠지 않은가.
그렇지 않더라도 최소한 아픈 데는 없지 않은가.
- 석가모니

Q. 나를 둘러싼 사물, 자연, 사람 중에서 감사한 것은 무엇인가요? 그동안 당연하게 스쳐보낸 것은 없었는지 살펴봅시다.

20

20

20

4월
8일

오늘의 미라클 해빗

좋은 아이디어를 얻는 최선의 방법은
많이 보고, 듣고, 생각하는 것이다.
가장 좋은 아이디어는 바로 당신의 곁에 있다.

**Q. 최근에 본 영화는 무엇인가요?
기억에 남은 장면은 어떤 것이었나요?**

20

20

20

4월
9일

오늘의 미라클 해빗

자신의 기분을 통제하는 건 결코 쉽지 않은 일이다.
안 좋은 감정을 남에게 전달하지 않기 위해 노력하는 사람.
그게 진짜 어른의 태도가 아닐까.

**Q. 나는 기분이 얼굴에 드러나는 편인가요?
기분대로 행동한 적 있나요?**

20

20

20

4월
10일

오늘의 미라클 해빗

주변에 아름다운 것들을 두고, 멀리 떨어진 곳에 가보고,
지성을 계발하고, 인간을 사랑하며,
세상의 진실에 눈뜨기 위해
부자가 되고자 해야 한다.
- 월러스 워틀스

**Q. 행복한 부자의 모습은 이런 모습이 아닐까요?
나는 왜 부자가 되고 싶은가요?**

20

20

20

4월
11일

오늘의 미라클 해빗

일출로 숨이 멎을 것 같거나 꽃이 가득한 들판을 보며
하늘이 속삭이는 말을 들어보라.
"마음에 드니? 널 위해 만든 거야."
- 맥스 루케이도

**Q. 꽃과 나무, 바람의 속삭임을 잠시라도 들어보세요.
어떤 말이 들렸나요?**

20

20

20

4월
12일

오늘의 미라클 해빗

스트레스는 모두 한 가지 부정적인 생각에서 비롯된다.
그리고 꼬리에 꼬리를 물고 더 많은 부정적인 생각이
계속해서 이어져 결국 스트레스가 표출된다.
결국 부정적인 생각 하나가 더 큰 화를 불러일으키는 것이다.

**Q. 아주 작은 부정적인 생각이 들었을 때, 알아채는 것이 중요합니다.
오늘 들었던 부정적인 생각을 긍정적인 것으로 바꿔봅시다.**

20

20

20

4월
13일

오늘의 미라클 해빗

"나는 최선을 다했어."
이것이 바로 우리가 꼭 갖춰야 할 삶의 철학이다.
- 린 유탕

**Q. 나의 인생 철학은 무엇인가요?
한 문장으로 적어봅시다.**

20

20

20

4월
14일

오늘의 미라클 해빗

오직 하나뿐인 당신. 당신은 우연한 존재가 아니다.
당신은 최고의 장인에 의해서 신중하게 계획되었고,
특별한 재능을 부여받았으며, 애정이 담겨 이 세상에 보내졌다.
- 맥스 루카도

Q. 나의 특별한 재능은 무엇인가요?
그 재능을 어떻게 활용하고 있나요?

20

20

20

오늘의 미라클 해빗

통제할 수 없는 것에 대해 불평하길 포기하라.
나를 불평하게 만드는 상황을
어떻게 바꿀 수 있을지 고민해야 한다.

**Q. 오늘 마음에 들지 않은 일이 있었나요?
어떻게 바꿀 수 있을까요?**

20

20

20

4월
16일

오늘의 미라클 해빗

"실수가 나서 발이 엉키거나 스텝이 꼬이는 것,
그것조차도 탱고다."
연인 간의 관계도, 어쩌면 이렇게 꼬이고 엉키는 사이에
자신만의 사람을 남기는 과정일지도 모른다.

**Q. 모든 관계 속에서 우리는 배워나갑니다.
지난 사랑의 관계에서 나는 무엇을 배웠나요?**

20

20

20

4월
17일

오늘의 미라클 해빗

부자는 결코 천국에 들어가지 못하겠지만
가난한 사람은 이미 지옥을 체험하고 있다.
- 체이스

**Q. 지금까지 이사를 몇 번 했나요?
거주했던 곳은 어땠나요?**

20

20

20

4월
18일

오늘의 미라클 해빗

내 기분은 내가 정해.
오늘 나는 행복으로 할래.
-〈이상한 나라의 앨리스〉

Q. 당장 행복해지는 방법은, 지금 행복해지기로 선택하는 것입니다. 떠올리면 행복해지는 사람이나 물건, 장소가 있나요?

20

20

20

오늘의 미라클 해빗

걱정하는 100가지 중에 99가지 일은 결코 일어나지 않는다.
내일 무슨 일이 일어날지 걱정하기를 그만둔다면
실제로 당신이 오늘을 즐기고 음미할 수 있는 시간이
좀 더 많아지지 않겠는가?

Q. 내일이 아닌 오늘에 집중해봅시다.
요즘 가장 큰 걱정은 무엇인가요?

20

20

20

4월
20일

오늘의
미라클 해빗

변명보다 더 나쁜 유일한 것이 "좋은" 변명이다.
실수를 숨기기 위해, 잘못을 인정하지 않기 위해
좋은 변명을 방패 삼지는 않았는가.

Q. 나는 주로 어떤 변명을 자주 하나요?
그 변명을 할 때마다, 자신에게 외쳐줄 문구는 무엇일까요?

20

20

20

4월
21일

오늘의 미라클 해빗

인생은 양파와 같다.
한 번에 한 꺼풀씩 벗기다 보면
눈물이 나기 때문이다.
- 칼 샌드버그

**Q. 오늘 하루도 살아내느라 고생 많으셨습니다.
어려운 시기를 잘 건너고 있는 자신을 칭찬해주세요.**

20

20

20

4월
22일

오늘의 미라클 해빗

별똥별이 내 앞에 떨어지고 있다. 그 시간은 딱 0.5초.
그 짧은 찰나의 순간에도 외칠 수 있는 소원이라면
이루어지지 않는 것이 이상하지 않은가?

Q. 바로 그때 앞으로의 커리어에 대해 빌고 싶은 소원은 무엇인가요?
이 소원을 이루기 위해 내일부터 무엇을 해볼까요?

20

20

20

4월
23일

오늘의 미라클 해빗

오랜 친구들이 주는 축복 중의 하나는
그들과 함께일 때 바보짓을 해도 괜찮다는 것이다.
- 토머스 에디슨

Q. 내가 바보짓을 해도 이해해줄 친구는 누구인가요?
오늘 그들에게 감사의 문자 메시지를 보내봅시다.

20

20

20

4월
24일

오늘의
미라클 해빗

돈을 다스리지 못하면
돈이 당신을 다스릴 것이다.
- 금언

Q. 돈에 지배당하지 않기 위해서는 단단한 가치관과 계획이 필요합니다. 투자에 성공한다면, 수익금을 어떻게 쓸 건가요?

20

20

20

4월
25일

오늘의 미라클 해빗

너무 걱정하지 마라. 불안함을 느끼는 건 당신만이 아니다.
벌어지지 않은 일들을 머릿속으로 그리는 버릇을 버리고
당장 눈앞에 닥친 일을 하자.

Q. 하나씩 차분히 해나간다면 못 할 일이 없습니다.
내일 오전에 꼭 해야 할 일 세 가지를 순서대로 적어본다면?

20

20

20

4월
26일

오늘의 미라클 해빗

마음은 강력한 자석과도 같아서 마음먹기에 따라 무엇이든지 끌어올 수 있다. 당신은 스스로 아는 것보다 더 큰 힘과 많은 가능성을 가지고 있다.
- 존 캐너리

**Q. 스스로 유용한 사람이 되었다고 느낄 때는 언제인가요?
내 안의 더 큰 가능성을 끌어내기 위해 무엇을 할 수 있을까요?**

20

20

20

4월
27일

오늘의 미라클 해빗

기억하라.
매일 당신에게는 8만 6,400초가 주어진다.
그리고 8만 6,400번의 기회가 주어진다.

**Q. 나는 원하는 일을 이루기 위해 살고 있나요?
소중한 지금, 내가 집중하고 싶은 일은 무엇인가요?**

20

20

20

4월
28일

오늘의 미라클 해빗

우리는 조화의 힘과 기쁨의 힘으로
차분해진 눈을 통해
만물의 삶을 들여다볼 수 있다.
- 윌리엄 워즈워스

Q. 최근 명상을 해본 적이 있나요?
요즘 자주 들리는 마음의 소리는 무엇인가요?

20

20

20

4월
29일

오늘의 미라클 해빗

당신이 진정 바라는 것을 명확하게 소망할수록
그것을 마음에 품고 있을수록 목표 달성에 필요한
모든 정보, 기회, 사람들이 내 눈앞에 나타난다.

Q. 어떤 결심을 자주 하나요?
그 결심은 명확한가요?

20

20

20

4월
30일

오늘의 미라클 해빗

적개심을 풀고 용서하기 전까지는
부가 결코 찾아오지 않는다.
정신적, 정서적으로 풍요한 부가 차지할 만한
빈자리를 만들지 않았기 때문이다.

**Q. 이것만큼은 용서할 수 없다고 생각되는 일이나 사람이 있나요?
용서하기 위해서는 어떻게 하면 좋을까요?**

20

20

20

5월
1일

오늘의 미라클 해빗

사람의 불행과 행복을 좌우하는 것은 비교이다.
비교하기 전에 먼저 자신의 상황을
정확하게 알아야 한다.
- 토마스 풀러

**Q. 자신의 현재를 정확히 파악한다면, 문제 해결은 쉬워집니다.
최근 한 달간의 식비와 통신비는 얼마인가요?**

20

20

20

5월
2일

오늘의 미라클 해빗

사람들은 시골, 해안 등에서 은둔할 장소를 찾는다.
하지만 마음속보다 더 평화롭고
근심 없는 휴양지는 어디에도 없다.
- 명상록

Q. 나만의 힐링 루틴이 있다면?
나는 ____________을(를) 할 때 행복합니다.

20

20

20

5월
3일

오늘의 미라클 해빗

걱정이 고개를 쳐들 때 그걸 억누르려 애쓰지 마라.
다만 마음에서 걱정이라는 감정을 내려놓아라.
그러면 자연스럽게 평정에 이르게 된다.
- 네빌 고다드

Q. 가장 편안함을 느끼게 해주는 장소는 어디인가요?
그곳에서 무엇을 할 때 평화로운가요?

20

20

20

5월
4일

오늘의 미라클 해빗

사람들은 스스로 생각한 것보다 훨씬 많은 것을 알고 있다.
다만 이를 어떻게 하면 효과적으로 드러낼 수 있을지
알지 못할 뿐이다.
- 알프레드 아들러

Q. 최근에 알게 된 인상 깊은 사실이 있나요?
간단하게 적어봅시다.

20

20

20

5월
5일

오늘의 미라클 해빗

때로는 기쁨이 미소의 근원이기도 하지만,
때로는 미소가 기쁨의 근원이 되기도 한다.
- 틱 낫 한

**Q. 떠올리기만 해도 미소 지어지는 풍경이 있나요?
그 느낌을 간단하게 표현해봅시다.**

20

20

20

5월
6일

오늘의 미라클 해빗

아마추어가 영감을 기다릴 때
프로는 일하러 간다.
- 스티븐 킹

Q. 일의 시작에는 핑계가 필요 없습니다.
나에게 일을 시작하는 데 걸리는 시간은 __________ 분입니다.

20

20

20

5월
7일

오늘의 미라클 해빗

칭찬은 불가능을 가능으로 만드는 힘을 가지고 있다.
누구라도 칭찬을 받으면 기대에 부응하고 싶어서
더 열심히 하게 되고, 신기하게도 칭찬하는 쪽으로 향한다.

Q. 지금 당장 누군가에게 해주고 싶은 칭찬이 있나요?
그 사람에게 연락해 칭찬의 마음을 전달해줍시다.

20

20

20

5월
8일

오늘의 미라클 해빗

한 푼 아낀 것은
한 푼 번 것이나 마찬가지다.
- 워런 버핏

Q. 5월 1일의 다이어리를 펴봅시다.
지난주에 정리한 식비, 통신비에서 얼마나 줄일 수 있을까요?

20

20

20

5월
9일

오늘의 미라클 해빗

상처를 입는 이유는 두려움 때문이 아니다.
두려움을 피하려고 무리하게 움직이기 때문이다.
- 크리스틴 울머

**Q. 요즘 내가 가장 두려워하는 일은 무엇인가요?
왜 그 일을 두려워하나요?**

20

20

20

5월
10일

오늘의 미라클 해빗

한때의 성냄을 참으면,
백 일의 근심을 면할 수 있다.
- 〈명심보감〉

**Q. 최근에 무슨 일로 화를 냈나요?
다음에도 같은 일로 화를 낼 것인가요?**

20

20

20

오늘의 미라클 해빗

우리의 운명은 겨울철 과일나무와 같다.
그 나뭇가지에 다시 꽃이 필 것 같지 않아도,
우리는 그것을 꿈꾸고 그렇게 될 것을 알고 있다.
- 요한 볼프강 폰 괴테

**Q. 우리의 삶은 플러스와 마이너스가 똑같이 공존하고 있습니다.
오늘보다 조금 더 나은 내일을 위해 무엇을 할 수 있을까요?**

20

20

20

5월
12일

오늘의 미라클 해빗

나는 신발이 없다고 울었다.
발이 없는 사람을 만날 때까지.
- 고대 페르시안 격언

**Q. 평범한 일상도 누군가에겐 아주 귀한 하루일 수 있습니다.
새롭게 펼쳐질 눈부신 하루, 어떻게 보낼 건가요?**

20

20

20

5월
13일

오늘의 미라클 해빗

절대로, 절대로, 절대로
절대로 포기하지 마라.
- 윈스턴 처칠

Q. 옥스퍼드 대학 졸업식에서 처칠이 반복해서 강조했던 한마디. 지금까지의 인생에서 포기해야 했던 것이 있었나요?

20

20

20

5월
14일

오늘의 미라클 해빗

당신은 자신이 가장 많은 시간을
함께 보내는 다섯 사람의 평균치이다.
- 짐 론

**Q. 내가 속한 분야에서 본받고 싶은 사람은 누구인가요?
그 이유는 무엇인가요?**

20

20

20

오늘의 미라클 해빗

가난하게 태어난 것은 당신 잘못이 아니지만,
가난하게 죽는 것은 당신 책임이다.
- 빌 게이츠

**Q. 지금 무슨 일을 하면서 얼마나 수입을 얻고 있나요?
그 일에 만족하나요?**

20

20

20

5월
16일

오늘의 미라클 해빗

행복한 삶은 단지 행복한 순간들의 연속이다.
하지만 대부분의 사람들은 행복한 순간을 허용하지 않는다.
그들은 행복한 삶을 얻고자 애쓰느라 너무나 바쁘기 때문이다.
- 에스더 힉스 & 제리 힉스

Q. 오늘의 행복도는 몇 퍼센트로 평가하나요?
어떻게 매일의 행복도를 높일 수 있을까요?

20

20

20

오늘의 미라클 해빗

늙어가는 것을 막는 가장 중요한 예방책은
놀라움을 유지하는 것입니다.
- 케빈 켈리

Q. 최근에 가슴을 뛰게 만든 일은 무엇인가요?
왜 그 일은 내 마음을 뜨겁게 만드나요?

20

20

20

5월
18일

오늘의 미라클 해빗

내가 그 일을 함으로써
내게 그 일을 할 능력이 생긴다.
- 마하트마 간디

**Q. 인생의 터닝 포인트는 언제였나요?
그 경험을 통해 무엇을 발견했나요?**

20

20

20

5월
19일

오늘의 미라클 해빗

분노를 날려 보내고 나를 자유롭게 해보자.
너무 화나고, 좌절감이 들거나 당황스러울 때는
몸의 긴장을 풀어야 한다.

Q. 첫눈 오는 날에 무엇을 하고 싶은가요?
반드시 올, 미래의 행복한 순간을 미리 느껴봅시다.

20

20

20

5월 20일

오늘의 미라클 해빗

당신이 무엇인가를 간절히 원할 때,
온 우주는 당신의 소망이 이루어지도록 도와준다.
- 〈연금술사〉

Q. 과거로 돌아간다면 3년 전 자신에게 어떤 말을 해주고 싶나요? 그 말이 가리키는 바를 지금 해보면 어떨까요?

20

20

20

오늘의 미라클 해빗

친절한 한마디는 짧지만
그 울림은 끝이 없다.
- 마더 테레사

**Q. 누군가의 다정함으로 마음이 따스해졌던 경험이 있나요?
언제, 어떤 일이 있었나요?**

20

20

20

5월
22일

오늘의
미라클 해빗

부자들은 자기가 좋아하고 즐기는 일에 집중한다.
그들은 영감을 주는 분야를 끊임없이 공부한다.
부자들이 삶의 모든 영역을 공부하는 이유는
자신의 삶을 사랑하기 때문이다.

Q. 자산 중 투자 상품이 있나요?
그에 대한 지식은 충분한가요?

20

20

20

오늘의 미라클 해빗

행복이란 자신의 몸에 몇 방울 떨어뜨려 주면
다른 사람들이 기분 좋게 느낄 수 있는 향수와 같다.
- 랠프 왈도 에머슨

**Q. 내가 가장 좋아하는 향기를 설명한다면?
왜 그 향기를 좋아하나요?**

20

20

20

5월
24일

오늘의
미라클 해빗

11개월에 한 번, 몸의 세포는 완전히 새로 만들어진다.
당신의 생각을 바꾸는 것으로
몸은 1년 이내에 새롭게 바뀔 수 있다.
- 조셉 머피

Q. 인간의 세포는 끊임없이 바뀌고 있습니다.
나의 생각으로 몸이 바뀔 수 있다면, 어떤 생각을 해볼까요?

20

20

20

오늘의 미라클 해빗

모든 성취의 출발점은 열망이다.
당신의 열망이 강하다면
초인적인 힘을 가진 것처럼 보일 것이다.
- 나폴레온 힐

Q. 지금 이 순간, 무엇을 열망하고 있나요?
가장 중요한 것은 내가 그것을 얼마나 열망하느냐입니다.

20

20

20

5월
26일

오늘의 미라클 해빗

그 어떤 날도 다른 날과 같을 수 없고
365일 각각의 모든 날마다 다름이 있다.
모든 사람과 사물을 처음인 양 바라보기 시작할 때
모든 순간이 마법이 될 것이다.

**Q. 오늘 하늘은 어떤 색이었나요?
그걸 보는 기분은 어땠나요?**

20

20

20

5월
27일

오늘의 미라클 해빗

승자가 즐겨 쓰는 말은 "다시 한 번 해보자"이고
패자가 즐겨 쓰는 말은 "해봐야 별 수 없다"이다.
- 〈탈무드〉

Q. 요즘 즐겨 쓰는 말은 무엇인가요?
그 말은 내 삶에 어떤 영향을 미치고 있나요?

20

20

20

5월 28일

오늘의 미라클 해빗

사람이 말을 함부로 하는 것은
자신의 실언에 책임을 지지 않기 때문이다.
-맹자

Q. 최근 들은 말 중에 좋았던 말은 누구에게서 들은 어떤 말인가요?

20

20

20

5월
29일

오늘의 미라클 해빗

부유한 기분을 만끽할 수 있는 장소에 가거나
그런 기분을 맛볼 수 있는 것을 보고 접하라.
부유한 것을 다시 누려보고 싶다고 느낀 자만이
그 부유한 생활을 자기 것으로 만들 수 있다.

Q. 최근 부유한 경험을 해본 적이 있나요?
최근 산 것 중에서 가장 비쌌던 것은 무엇인가요?

20

20

20

5월
30일

오늘의 미라클 해빗

나는 아름답고 모든 사람이 날 사랑해.
- 루이스 헤이

Q. 기분이 안 좋거나 우울할 때를 떠올려봅시다.
그때의 나에게 뭐라고 말하면 좋을까요?

20

20

20

5월 31일

오늘의 미라클 해빗

허리둘레가 늘어날수록 행복 지수는 떨어지고
허벅지가 굵어질수록 행복 지수는 증가한다.
몸을 관리하는 것, 이것이 행복한 삶의 출발점이다.
- 유영만

**Q. 오늘 스쿼트 등의 근육 운동을 했나요?
어떤 운동 계획이 있나요?**

20

20

20

6월
1일

오늘의 미라클 해빗

우리는 조금이라도 일이 힘들면 포기하고 만다.
하지만 기억해야 한다. 그때가 일의 정점이며
그 고비가 지나면 쉬워진다는 것을.
그러니 될 때까지 가는 거다!

Q. '그때 다른 선택을 했다면 현재가 바뀌었을 것이다.' 이렇게 생각되는 과거가 있나요?

20

20

20

오늘의 미라클 해빗

당신이 취할 수 있는 온갖 태도 중
감사의 태도가 제일 중요하고
삶을 가장 크게 변화시킨다.
- 지그 지글러

**Q. 잠자리에 들기 전, 감사한 일을 떠올려보세요.
그 느낌은 어땠나요?**

20

20

20

6월
3일

오늘의 미라클 해빗

현재 또는 과거에 나타난 결과가
당신의 생각을 지배하게 만들면,
당신은 결코 꿈을 이룰 수 없다.

**Q. 어제까지의 나는 ________ 이었습니다.
미래의 나는 ________입니다.**

20

20

20

오늘의 미라클 해빗

모든 행복한 가정은 서로 닮았고,
불행한 가정은 제각각 나름의 이유로 불행하다.
- 〈안나 카레니나〉

**Q. 가장 최근에 가족과 식사한 것은 언제인가요?
무슨 이야기를 나누었나요?**

20

20

20

6월
5일

오늘의 미라클 해빗

활기차게! 씩씩하게 걸어보자.
체내 에너지가 활성화되어 의욕이 충만해질 것이다.
그 의욕은 이로운 것을 쉽게 얻는 파동을 발생시키니
당신의 인생을 더욱 풍요롭게 해줄 것이다.

Q. 등을 꼿꼿하게 펴고 걸어봅시다!
풍요로운 그 느낌은 어땠나요?

20

20

20

6월
6일

오늘의 미라클 해빗

불쾌한 것은 그대가 불쾌한 기분에 빠져들기 때문이다.
먼저 유쾌하게 생각하고 행동하라.
그러면 유쾌한 기분이 절로 솟아날 것이다.
이것이 평화와 행복이 오는 비밀이다.
- 데일 카네기

Q. 좋아하는 유쾌한 노래나 가사가 있나요?
어떤 부분이 좋나요?

20

20

20

6월
7일

오늘의 미라클 해빗

어려운 일이 닥쳤을 때는 허둥대는 것보다,
조용한 마음으로 긍정적인 기도를
잠재의식에 보내는 것이 좋다.
- 조셉 머피

Q. 좋아하는 산책 코스가 있나요?
가장 긍정적인 기운이 느껴지는 곳은 어디인가요?

20

20

20

오늘의 미라클 해빗

내일 당신이 죽는다면 무엇이 후회스러울까?
하지 않았던 일들? 아니면 한 일들?
후회 없는 삶을 향해 벌떡 일어나 담대히 나아가라!
어느 누구도 당신을 제한할 수 없다.

Q. 후회 없는 나만의 인생을 만들고 싶은가요?
지금 인생에서 무엇을 하지 않으면 후회할 것 같은가요?

20

20

20

6월
9일

오늘의 미라클 해빗

사람들이 문제에 맞서기로 결정한 순간,
그들은 스스로 생각했던 것보다 자신들이
훨씬 더 유능하다는 사실을 깨닫습니다.
- 오 자히르

Q. 최근에 도전해보기로 결심한 일이 있나요?
걱정과 달리 반드시 해낼 수 있을 것입니다.

20

20

20

6월
10일

오늘의 미라클 해빗

어떤 일에서 당신이 성공하든지 간에
결코 스스로 가지고 있는 이미지보다
그것이 더 대단할 수는 없을 것이다.
- 맥스웰 몰츠

**Q. 스스로 자신을 높이 평가하지 않으면 이상을 이룰 수 없습니다.
고치고 싶은 나의 단점은 무엇인가요?**

20

20

20

6월
11일

오늘의 미라클 해빗

우정이란 나눔과 공유를 통해
우리의 성공을 더욱 빛나게 하고,
고난을 덜어주는 것이다.
- 키케로

**Q. 만약 회사를 그만두게 된다면, 누구와 고민을 나눌 건가요?
그 이유는 무엇인가요?**

20

20

20

6월
12일

오늘의 미라클 해빗

아무리 생활이 어려워도 아니면 농담이라도,
'가난'이라는 말을 평소에 사용하지 않도록 주의하자.
이 말이 발산하는 에너지는 당신을 점점 무기력하게 하는
엄청난 파동을 갖고 있기 때문이다.

**Q. 최근 돈을 모으는 데 무기력하지는 않나요?
어떤 노력을 해볼까요?**

20

20

20

6월
13일

오늘의 미라클 해빗

최상의 보물은 명랑한 표정과
쾌활한 마음이다.
- 아르투어 쇼펜하우어

Q. 내게 최상의 보물은 무엇인가요?
그 이유는 무엇인가요?

20

20

20

6월
14일

오늘의 미라클 해빗

우주의 기운은 자력과 같아서
우리가 어두운 마음을 지니고 있으면
어두운 기운이 몰려온다.
- 법정 스님

Q. 아무에게도 말 못할 비밀이 있나요?
여기에 털어놓고 마음 편히 쉬세요.

20

20

20

6월 15일

오늘의 미라클 해빗

비록 삶은 고난으로 가득하지만 사람은
그 모든 고난을 극복할 수 있는 힘을 가지고 있다.
-헬렌 켈러

Q. 요즘의 나를 표현할 수 있는 단어는 무엇인가요?
그 단어를 고른 이유는 무엇인가요?

20

20

20

6월
16일

오늘의 미라클 해빗

매일을 그대를 위한 최후의 날이라고 생각하라.
이렇게 하면 생각지도 않았던 오늘을 얻어
기쁨을 맛볼 것이다.
- 호라티우스

Q. 어떤 기억을 영원히 간직하고 싶나요?
왜 그 기억이 소중한가요?

20

20

20

6월
17일

오늘의 미라클 해빗

꿈을 불가능하게 하는 것은 오직 하나,
실패에 대한 두려움이다.
- 〈연금술사〉

**Q. 힘든 일을 맞닥뜨렸을 때 어떤 마음이 드나요?
나는 어떤 어려움도 이겨낼 수 있어요.**

20

20

20

6월
18일

오늘의 미라클 해빗

친절과 우정을 구분할 줄 알아야 한다.
친절이 인격에 대한 감탄이라면
우정은 영혼을 위한 헌신이다.
- 아르투어 쇼펜하우어

Q. 최근 누군가를 위해 헌신한 경험이 있나요?
그 경험은 나 자신에게 무엇을 남겼나요?

20

20

20

6월
19일

오늘의 미라클 해빗

무손 일이든 기분 좋게 즐기면서 하다 보면
긍정적인 에너지가 당신의 금전운도 상승시킬 것이다.
돈이란 풍요로운 기의 에너지가 전환된 것이다.

Q. 요즘 내 기분은 어떤가요?
앞으로 내 마음은 매일 더욱 풍요로워질 것입니다.

20

20

20

6월
20일

오늘의 미라클 해빗

누군가 삶이 고달프다고 말하는 것을 들을 때면,
나는 이렇게 묻고 싶다.
"무엇과 비교해서 힘드신 걸까요?"

**Q. 우리는 자주 더 많은 것을 가진 사람과 자신을 비교합니다.
온전히 나만의 특별한 점 한 가지가 있다면 무엇인가요?**

20

20

20

6월
21일

오늘의 미라클 해빗

일찍 자고 일찍 일어나면 건강해질 수도 있고,
부유해질 수도 있으며, 지혜로워질 수도 있다.
- 벤저민 프랭클린

**Q. 하루 중 온전히 나의 휴식을 위해 보내는 시간이 있나요?
없다면, 무엇을 하는 시간을 가져볼까요?**

20

20

20

**오늘의
미라클 해빗**

죽을 때까지 끊임없이 배우는 학생이
될 수 있는 비결은
당신이 좋아하는 것을 찾아 배우는 것이다.

**Q. 마지막으로 무엇을 배운 적은 언제인가요?
자신이 조금 더 성장하거나 공부해야겠다고 느낀 일이 있었나요?**

20

20

20

6월
23일

오늘의 미라클 해빗

인생은 한 권의 책과 같다. 바보들은 아무렇게나
책장을 넘기지만 현명한 사람은 공들여 읽는다.
그들은 단 한 번밖에 그것을 읽지 못함을 알고 있기 때문이다.
- 장 파울

**Q. 최근 읽은 책을 펴고 가장 눈에 들어오는 한 문장을 써봅시다.
그 책은 어땠나요?**

20

20

20

오늘의 미라클 해빗

상상이 지식보다 훨씬 더 중요하다고 했던
아인슈타인처럼 잠재의식을 자극하기 위해서
상상력을 충분히 강화해야 한다.
다양하게 상상의 나래를 펼쳐보자!

**Q. 최근에 본 영화나 공연, 전시회는 무엇이었나요?
다채로운 문화적 자극이 나의 세계를 넓혀줍니다.**

20

20

20

6월
25일

오늘의 미라클 해빗

모든 관계에서 행복이 올 수 없다는 걸
알고 나서야 좀 더 나답게 살게 됐다.
맞지 않는 관계에 억지로 나를 맞출 필요는 없으니까.

**Q. 오늘 누구와 가장 오랜 시간을 같이 보냈나요?
그 사람과 함께하는 시간은 행복한가요?**

20

20

20

6월
26일

오늘의 미라클 해빗

원하는 것을 사지 말고, 필요로 하는 것을 사라.
필요하지 않은 것은 1원이라도 비싼 것이다.
- 카토

**Q. 내가 번 돈으로 산 첫 번째 물건은 무엇인가요?
그 물건에 얽힌 추억을 적어보세요.**

20

20

20

6월
27일

오늘의
미라클 해빗

가장 좋은 일도, 가장 나쁜 일도,
사실 별것 아니에요.
그냥 그것일 뿐이죠.

Q. 모든 일은 내가 생각하기 나름입니다.
오늘 하루를 한 문장으로 정리해 써보세요.

20

20

20

**오늘의
미라클 해빗**

죽는 건 자연스러운 일입니다.
모두 사이좋게 기운차게 죽읍시다.
- 사노 요코

**Q. 나의 유쾌한 묘비명은 무엇입니까?
내 삶을 사랑하면 묘비명마저 유쾌해질 수 있습니다.**

20

20

20

6월 29일

오늘의 미라클 해빗

편견을 버리면 예전에 보지 못했던 많은 것이 보인다.
앞으로 내가 할 수 있는 일들이 수없이 많아진다.

**Q. 오늘 했던 판단 중에 자신에 대한 제한이나 편견은 없었나요?
내 안에 있는 무한한 잠재된 가능성을 잊지 마세요.**

20

20

20

6월
30일

오늘의 미라클 해빗

기적은 하늘을 날거나 물 위를 걷는 것이 아니라,
땅에서 걸어 다니는 것이다.
- 중국 속담

Q. 오늘 있었던 기적 같은 일은 무엇인가요?
자세히 살펴보면 기적은 평범한 일 속에 숨어 있습니다.

20

20

20

7월
1일

오늘의 미라클 해빗

아무 때나 포기하지 마라. 성공에도 때가 있듯이
포기에도 때가 있기 마련이다.
포기하기에 가장 좋은 때는 2월 30일이다.
- 넬슨 만델라

Q. 드디어 하반기가 시작되었습니다!
남은 6개월간 해낼 새로운 다짐을 적어봅시다!

20

20

20

7월
2일

오늘의 미라클 해빗

사람에게 덜 기대할 것.
내가 준 만큼 받으려고 욕심내지 않을 것.
인간관계에서 실망하지 않는 가장 확실한 방법이다.

**Q. 오늘 나를 낙담하게 한 사람 또는 일이 있었나요?
그것들에 대해 기대를 조금 낮춰보면 어떨까요?**

20

20

20

7월
3일

오늘의 미라클 해빗

'이제 충분하다'는 생각이 가득 차면
당신 안에 있는 부유한 에너지가
당신을 더욱 풍요로운 길로 인도해줄 것이다.

**Q. 나의 내면을 풍요롭게 채우는 것은 무엇인가요?
어떤 행위를 할 때 그런 느낌이 드나요?**

20

20

20

7월
4일

오늘의 미라클 해빗

인생에서 가장 큰 행복은 사랑받고 있다는 확신,
좀 더 정확히는 '내가 이런 사람임에도
사랑받고 있다'는 확신이다.
- 빅토르 위고

Q. 누군가가 나에게 사랑한다고 고백하는 최고의 방법은 무엇인가요? 누구에게 그런 고백을 받고 싶나요?

20

20

20

7월
5일

오늘의 미라클 해빗

나는 사랑으로 둘러싸여 있고,
나는 바뀔 수 있다.
- 루이스 헤이

Q. 오늘 언제 사랑을 느꼈나요?
몸의 변화를 느꼈나요?

20

20

20

7월
6일

오늘의 미라클 해빗

나는 굳이 혹독한 장소에 있기로 했다.
사람은 어제보다 오늘, 오늘보다 내일
성장할 수 있어야 행복하기 때문이다.
- 모리카와 아키라

Q. 요즘 나의 가장 큰 고민은 무엇인가요?
괴로워하고 고민하는 사이 마음은 단단해져요.

20

20

20

7월
7일

오늘의 미라클 해빗

행운은 스스로 운이 좋다고 믿을 때 찾아온다.
외쳐보자!
"나는 천운을 가진 사람이다!"

**Q. 나의 행운 에너지가 좋은 기회를 끌고 옵니다.
7월 7일, 오늘 나는 운이 좋았나요?**

20

20

20

오늘의 미라클 해빗

누군가가 변화를 이뤄낼 것이라고 기다리고
때를 기다려서는 바뀔 수 없습니다.
우리 자신이 우리가 그동안 기다렸던 변화를
이끌어낼 수 있는 바로 그 사람들입니다.
- 버락 오바마

Q. 1월 6일의 다이어리를 펼쳐봅시다.
이 올해의 목표를 위해 어떤 노력을 하고 있나요?

20

20

20

7월
9일

오늘의 미라클 해빗

미안함보다는 고마움을 더 많이 말하는 사람이 되자.
사랑하는 사람에게 고마움을 말할 줄 아는 사람이 되자.
사소한 것에 감사하다 보면 기억도, 사랑도
더 예쁘게 남아 있을 테니까.

**Q. 오늘을 돌아보면 누구에게 고마워하고 싶나요?
어떻게 고마운 마음을 전할 수 있을까요?**

20

20

20

7월
10일

오늘의 미라클 해빗

조금만 더 자고, 조금만 더 졸고,
조금만 더 손을 모으고 쉬려는 이에게는
가난이 강도처럼 밀어닥치고
빈곤이 군사처럼 몰려올 것이다.

**Q. '조금만 더'의 끝은 없습니다.
오늘 나에게 힘든 유혹은 무엇이었나요?**

20

20

20

7월
11일

오늘의 미라클 해빗

대부분의 사람은 자기가 행복해지려고
결심한 정도만큼 행복하다.
- 에이브러햄 링컨

**Q. 행복은 내부에서 옵니다. 절대 외부 사정이 아니지요.
나의 행복을 위해 나는 어떤 생각을 선택하겠습니까?**

20

20

20

오늘의 미라클 해빗

건강한 정신을 유지하는 데도 연습이 필요하다.
당신이 행복이라는 멋진 느낌을 신뢰하면 할수록,
그만큼 당신은 그 상태에 오래 머무를 수 있다.
- 리처드 칼슨

Q. 혹시 떠올리기만 해도 행복해지는 것들이 있나요?
세 단어로 적어봅시다.

20

20

20

7월
13일

오늘의 미라클 해빗

아무것도 미루지 마라.
매일을 마지막처럼 사는 자에게는
절대 시간이 부족하지 않다.
- 세네카

**Q. 오늘 해야 했지만 미처 못 한 일이 있나요?
그 이유는 무엇인가요?**

20

20

20

7월
14일

오늘의 미라클 해빗

고독해도 괜찮다. 그러나 여전히 당신은
고독해도 괜찮다고 말해줄 누군가가 필요하다.
- 오노레 드 발자크

**Q. 외롭거나 힘들 때 목소리를 듣고 싶은 사람은 누구인가요?
왜 그 사람을 선택했나요?**

20

20

20

7월
15일

오늘의 미라클 해빗

뛰어나고 훌륭하게 시작할 필요는 없다.
그러나 훌륭하기 위해서는 시작해야 한다.
- 지그 지글러

**Q. 무엇이든 일단 시작하면 훌륭한 단계로 나아갈 수 있습니다.
마지막으로 새로운 것을 시도한 적은 언제인가요?**

20

20

20

7월
16일

오늘의 미라클 해빗

사람들이 당신을 어떻게 생각할지
더 이상 걱정하지 마라.
- 빌 고브

**Q. 혼자 울고 싶을 때 하는 행동이나, 찾는 장소가 있나요?
자신의 마음에 더욱 집중해보세요.**

20

20

20

7월
17일

오늘의 미라클 해빗

모자는 빨리 벗고 지갑은 천천히 열어라.
- 덴마크 격언

**Q. '얼마를 썼는지' 의식하지 않으면, 돈은 모이지 않습니다.
오늘 총 얼마를 썼나요?**

20

20

20

오늘의 미라클 해빗

마법은 마음속에 있다.
마음이 지옥을 천국으로 만들 수도 있고,
천국을 지옥으로 만들 수도 있다.
- 토마스 에디슨

**Q. 가족들과 여행 계획이 있나요?
어디로 여행 가고 싶나요?**

20

20

20

7월
19일

오늘의 미라클 해빗

명랑한 기분은 값비싼 보약보다
훨씬 더 큰 약효를 지니고 있다.
_C. 샌드버그

**Q. 내 기분을 상승시켜주는 나만의 '추억'이 있나요?
없다면 이번 주에 만들어봅시다.**

20

20

20

7월
20일

오늘의 미라클 해빗

"줄리아에게도 처음은 있었을 거야."
- 〈줄리 앤 줄리아〉
전설적인 프렌치 셰프 줄리아의 레시피북을 따라 하다 의기소침해하는 줄리에게 남편이 건넨 말.

Q. 오늘은 생산적인 날이었나요?
전설적인 어느 누구도 처음부터 잘했던 사람은 없습니다.

20

20

20

7월
21일

오늘의 미라클 해빗

내가 만나는 사람은
누구나 그 어떤 면에서는 나보다 더 낫다.
그런 점에서 나는 누구에게서나 배울 점이 있다.

**Q. 나에게 호의적이지 않은 사람이 있나요?
그에게서 좋은 점을 찾아본다면 무엇이 있을까요?**

20

20

20

7월
22일

오늘의 미라클 해빗

어제는 어젯밤에 끝났다.
오늘은 새로운 시작이다.
잊는 기술을 배워라. 그리고 앞으로 나아가라.
- 노만 V. 필

Q. 오늘의 나는 자신에게 이기고 있나요? 아니면 지고 있나요? 그렇게 생각한 이유는 무엇인가요?

20

20

20

7월
23일

오늘의 미라클 해빗

싫어하는 사람은 늘 존재해요.
그런데 다 지나고 보면 모두가 고마워요.
그때는 내가 잘나서 버티는 것 같았는데
끝나고 보면 저 사람 덕분이었구나 싶어요.
- 나영석

**Q. 불편하거나 소통이 잘 안 되는 사람이 있나요?
그 이유는 무엇인가요?**

20

20

20

7월
24일

오늘의 미라클 해빗

물건을 정리하지 못하는 사람은 돈 관리도 잘 못한다.
물건이든 돈이든 자신에게 얼마나 필요한지
판단하는 기준이나 가치관이 있어야만 소중히 대할 수 있다.
- 요코야마 미츠아키

Q. 지금까지 받았던 선물 중에 가장 소중한 것은 무엇인가요?
왜 그 선물이 소중한가요?

20

20

20

7월
25일

오늘의 미라클 해빗

우리 모두 매일이 처음이지 않나?
67세는 나도 처음이다.
- 윤여정

Q. 나 자신과 더욱 더 잘 지내봅시다!
내일부터 나를 행복하게 하기 위해 하루 10분씩 ________을(를) 하겠습니다.

20

20

20

7월
26일

오늘의 미라클 해빗

항상 편안한 마음으로 문제에 접하라.
긴장된 상태에서는 정상적인 판단은 어렵다.
- 로버트 H. 슐러

**Q. 나의 예민한 부분은 무엇인가요?
반면에 무던한 부분은 무엇인가요?**

20

20

20

7월
27일

오늘의 미라클 해빗

내 실력이 끊임없이 성장하고 있다고 느끼면
불안하지 않습니다.
- 김정운

**Q. 어제와 비교해서 오늘 더 잘할 수 있었던 일은 무엇인가요?
주체적으로 내 실력을 계속 키워나간다면 불안하지 않습니다.**

20

20

20

7월
28일

오늘의 미라클 해빗

긍정적인 태도는
기적의 묘약이다.
- 퍼트리샤 닐

**Q. 오늘 긍정적으로 대처한 일이 있었나요?
나 자신을 칭찬해주세요.**

20

20

20

7월
29일

오늘의 미라클 해빗

삶을 사는 데는 단 두 가지 방법이 있다.
하나는 기적이 전혀 없다고 여기는 것이고,
또 다른 하나는 모든 것이 기적이라고 여기는 방식이다.
- 알베르트 아인슈타인

Q. 내가 원하는 최고의 현실은 무엇인가요?
왜 그것을 꿈꾸나요?

20

20

20

7월
30일

오늘의 미라클 해빗

무엇보다 가꾸고, 다듬고, 소중히 여겨야 할 것은
사물보다는 인간이다.
소중한 사람과의 인연을 계속 이어나가자.
- 오드리 헵번

**Q. 오랫동안 연락하지 않고 지냈던 친구는 누구인가요?
조금만 노력하면 다시 인연을 맺을 수 있습니다.**

20

20

20

7월
31일

오늘의 미라클 해빗

돈만이 재산은 아니다.
지식도, 건강도, 재능도 재산이다.
그러나 의지는 다른 어떤 것보다도 큰 재산이다.
- 클라우스 슈바프

**Q. 돈을 모으는 데 언제 가장 동기 부여를 느끼나요?
의욕이 떨어질 때면 다시금 되새겨봅시다.**

20

20

20

8월
1일

오늘의 미라클 해빗

기꺼이 선택하고, 상처받고, 아파하라.
그리고 또다시 선택하라. 그것이 당신에게 부여된 특권이자,
당신이 당신의 삶을 후회하지 않을 유일한 방법이다.
- 장 폴 사르트르

Q. 꾹 참고 있을 때, 내면 깊은 곳에서 무슨 생각을 하나요?
나는 자신의 상처를 제대로 직시하는 편인가요?

20

20

20

8월
2일

오늘의 미라클 해빗

코끼리는 새끼일 때 작은 말뚝에 묶였던 경험 때문에
도망갈 수 없다는 생각을 평생 간직하고 산다고 한다.
내가 만든 고정관념 때문에
'나는 못한다'라고 스스로 묶어두는 것은 아닌가?

Q. 내가 가진 편견은 무엇인가요?
편견의 계기는 무엇이었나요?

20

20

20

8월
3일

오늘의 미라클 해빗

지금 세상에 나 말고 어느 누가
이 중요한 임무를 맡을 수 있겠는가?
- 맹자

Q. 최근에 내가 먼저 손들고 나서서 했던 일이 있었나요?
'내가 한다!'라는 적극적인 마음이 매일 성장하게 합니다.

20

20

20

8월
4일

오늘의 미라클 해빗

우리를 행복하게 해주는 사람들에게 감사해야 한다.
그들은 우리의 영혼에 꽃이 피도록 가꾸어주는
신비스러운 정원사와 같기 때문이다.
- 마르셀 프루스트

**Q. 최근에 나를 행복하게 해준 사람이 있었나요?
그와 무슨 일이 있었나요?**

20

20

20

8월
5일

오늘의 미라클 해빗

용기를 내어 생각하는 대로 살지 않으면
머지않아 사는 대로 생각하게 된다.
사는 대로 생각하는 엑스트라의 삶을 살겠는가?
아니면 주체적인 주인공의 삶을 살겠는가?

Q. 만약 앞으로 단 한 달의 삶이 주어진다면 무엇을 할 것인가요?
그 일이 바로 주인공의 삶으로 한 스텝 나아가는 길입니다.

20

20

20

8월
6일

오늘의 미라클 해빗

좋은 청취자가 돼라.
남이 자기 자신에 관해서 말하도록 격려하라.
- 데일 카네기

Q. 나는 사람들과 함께할 때 주로 듣는 편인가요? 말하는 편인가요? 들을 때 어떤 생각을 하나요?

20

20

20

8월
7일

오늘의 미라클 해빗

마음이 가난하면 가난을 벗지 못할 것이다.
마음이 먼저 풍요로 채워져 있어야 풍요로워진다.
마음에 풍요를 심어라.

**Q. 최근의 여행에 대한 기억을 적어보세요.
기분은 어땠나요?**

20

20

20

8월
8일

오늘의 미라클 해빗

세상은 고통으로 가득하지만,
한편 그것을 이겨내는 일로도 가득 차 있다.
- 헬렌 켈러

Q. 고통스러운 일이 있나요?
8월 8일! 팔팔하게 이겨낸 경험을 적어봅시다.

20

20

20

오늘의 미라클 해빗

우리는 휴식이란 시간 낭비가 아님을 알아야 한다.
휴식은 곧 회복인 것이다.
단 5분 동안이라도 휴식으로 피로를 풀어야 한다.
- 데일 카네기

**Q. 충분한 휴식을 취했나요?
선호하는 휴식법은 무엇인가요?**

20

20

20

8월
10일

오늘의 미라클 해빗

정말 강한 사람은 한 번도 상처받지 않은 사람이 아니다.
상처가 있지만 그것을 직시하고 이겨내
더 나은 내가 된 사람이다.

Q. 1년 전에는 몰랐지만 지금은 알게 된 것이 있나요?
그 일이 나를 더욱 지혜롭고, 단단하게 만들어준 일입니다.

20

20

20

8월
11일

오늘의 미라클 해빗

아무리 사소한 것이라도 좋으니
'운이 좋다', '복 받았다'고 생각되는 일들을 한번 세어보자.
그리고 감사하는 마음을 갖자.
그 감정이 더 큰 복을 불러올 것이다.

Q. 오늘, 나를 기쁘게 한 일은 무엇이었나요?
작은 일이라도 '운이 좋다!' '복 받았다!'라고 느낀 일을 써보세요.

20

20

20

8월
12일

오늘의 미라클 해빗

조금만 조사해보면, 뭔가를 성취한 사람은 하나같이
'어떻게 해내야 하는지' 몰랐다.
단지 '해낼 것'이라는 점만 알았다.
- 밥 프록터

**Q. 내가 무엇이든 '해낼 것'을 '안다면'
가장 먼저 무엇을 해내고 싶나요?**

20

20

20

8월
13일

오늘의 미라클 해빗

말을 시작하기 전에 반드시 생각할 틈을 가져라.
지금 하고자 하는 말이 말할 가치가 있는지,
누군가를 해칠 염려가 없는지를 잘 생각해보라.
- 레프 톨스토이

**Q. 용서받고 싶은 사람이 있나요?
그 이유는 무엇인가요?**

20

20

20

8월
14일

오늘의 미라클 해빗

돈을 잃는 것은 적게 잃은 것이다.
그러나 명예를 잃은 것은 크게 잃은 것이다.
더더욱 용기를 잃는 것은 전부를 잃은 것이다.
- 윈스턴 처칠

**Q. 살다 보면 자신감이 사라질 때가 있습니다.
그 순간 자신에게 용기를 주는 한마디를 남겨보세요.**

20

20

20

오늘의 미라클 해빗

나는 타인의 기대를 충족시키기 위해
살고 있는 게 아니다.
- 알프레드 아들러

**Q. 사랑하는 사람과 있을 때 어떻게 행동하나요?
나답게 행동하나요? 그 사람에 맞추어 행동하나요?**

20

20

20

8월
16일

오늘의 미라클 해빗

내가 이룰 수 있으리라 믿지 못하면서
어떤 일을 성공시키고 어떤 꿈을 이룰 수 있을까.
모든 성공은 내가 반드시 이룰 수 있다는 믿음에서 시작한다.
그 믿음을 환기하고 끊임없이 일깨우는 과정이 바로 기록이다.

Q. "나는 매일 강해지고, 아름다워지고, 건강해진다!"
건강에 대해 내가 원하는 것을 써봅시다!

20

20

20

8월
17일

오늘의 미라클 해빗

구덩이에 빠졌을 때 우리가 해야 할 일은
구덩이를 더 파는 것이 아니라
그곳에서 얼른 빠져나오는 것이다.
- 〈메기〉

**Q. 오늘 자신에게 실망하거나,
후회되는 일이 있었나요?**

20

20

20

8월
18일

오늘의 미라클 해빗

당신이 가진 것들은 참 많다.
상상해보자. 갑자기 아무것도 들리지 않는다면?
내 눈앞에 아무것도 보이지 않는다면?
그렇다면 오늘 지금 이 순간이 기적이다.

**Q. 내가 가진 것들이 얼마나 많은지 살펴봅시다.
내 몸 구석구석 함께해준 부분들부터 감사함을 적어봅시다.**

20

20

20

8월
19일

오늘의 미라클 해빗

'이렇게 되고 싶다'가 아니라
'그렇게 되었다'고 생각하고,
미래의 자신이 현재의 자신을 끌어주도록 하라.

Q. 마음속에 확고한 3년 후의 모습이 그려져 있나요?
2월 5일로 돌아가서, 그날의 다짐을 되새겨봅시다.

20

20

20

8월
20일

오늘의 미라클 해빗

성이 나면 말하기 전에 열을 세라.
그래도 화가 나면 백을 세라.
- T. 제퍼슨

Q. 최근 화를 내거나 상처 주는 말을 한 적이 있나요?
그 말을 어떤 식으로 바꿔서 했더라면 좋았을까요?

20

20

20

오늘의 미라클 해빗

아무리 부가 탐난다 해도
자신의 만족에서 벗어난 것이면 눈을 돌리지 말아야 한다.
자기만족이야말로 가장 훌륭한 재산이기 때문이다.
- 사디

**Q. 소유하고 있는 것만으로 만족감을 주는 물건이 있나요?
그 이유는 무엇인가요?**

20

20

20

8월 22일

오늘의 미라클 해빗

내일에 대해서는 아무것도 모른다.
우리가 할 일은 오늘이 좋은 날이며
오늘이 행복한 날이 되게 하는 것이다.
- 시드니 스미스

Q. 오늘이 인생 마지막 날이라면 무엇을 하고 싶나요? 왜 그 일을 하고 싶나요?

20

20

20

오늘의 미라클 해빗

항상 '이것이 없다', '저것이 없다'라며
나에게 없는 것만 생각하는 사람은
'만족'이라는 기분을 맛볼 수 없다.
그러니 풍요로움과는 거리가 먼 인생을 살게 되는 것이다.

Q. 오늘 나는 긍정 어휘와 부정 어휘 중 무엇을 더 많이 사용했나요? 그 이유는 무엇인가요?

20

20

20

8월
24일

오늘의 미라클 해빗

저는 프로그램을 시작할 때 되뇌는 게 있어요.
'어떤 결과가 됐든 받아들이고,
그건 내가 책임지겠다.'
- 유재석

**Q. 이런 마음으로 올인한다면 못할 일이 없지 않을까요?
인생에서 내가 했던 가장 큰 모험이나 도전은 무엇인가요?**

20

20

20

8월
25일

오늘의 미라클 해빗

감사하는 마음은
다른 사람을 향하는 감정이 아니라
자기 자신의 평화를 위한 감정이다.
- 이어령

**Q. 나 자신에 대해 내가 가장 좋아하는 부분은 무엇인가요?
왜 나는 자신의 그러한 면이 마음에 드나요?**

20

20

20

8월
26일

오늘의 미라클 해빗

잠재의식은 만능기계와 같아서 무엇이든 할 수 있다.
그 만능기계를 운전하는 사람은 나의 의식이다.
그래서 잠재의식을 제대로 이해하고 활용할 수 있다면
나의 운명을 좌우할 수 있는 것이다.

Q. 잠재의식을 사용해봅시다.
내일부터 나에게는 ___________가(이) 일어날 것입니다.

20

20

20

8월
27일

오늘의 미라클 해빗

진정한 우정은 친구들의 수가 아니라
그 깊이와 소중함으로 판단할 수 있다.
- 벤 존슨

**Q. 속마음을 털어놓을 수 있는 사람이 있나요?
그 사람은 누구인가요?**

20

20

20

8월
28일

오늘의 미라클 해빗

가지고 싶은 것은 사지 말라.
꼭 필요한 것만 사라. 작은 지출을 삼가라.
작은 구멍이 거대한 배를 침몰시킨다.
- 벤저민 프랭클린

**Q. 주로 어디에 많은 소비를 하나요?
꼭 필요한 소비인가요?**

20

20

20

8월
29일

오늘의 미라클 해빗

나는 나 자신을 사랑해.
나는 나 자신을 용서해.
나는 과거의 모든 경험에서 완전히 벗어날 거야.
나는 자유로워.

Q. 나 자신의 존재가 특별한 이유는 무엇이라고 생각하나요?
맞습니다. 바로 그 이유 덕분에 나는 특별해요.

20

20

20

8월 30일

오늘의 미라클 해빗

오늘 저녁, 당신은 어떤 식사를 하게 될까.
당신의 몸에 좋은 에너지를 채워줄 음식을 먹을까,
아니면 혀의 쾌락만을 좇는 음식을 먹을까.

Q. 내 인생의 건강 음식은 무엇인가요?
그 음식에 얽힌 에피소드를 적어보세요.

20

20

20

8월
31일

오늘의 미라클 해빗

나에게 나무를 벨 8시간이 주어진다면,
그중 6시간은 도끼의 날을 가는 데 쓸 것이다.
- 에이브러햄 링컨

**Q. 최근 성급한 결정을 내린 적이 있나요?
그 결과는 어떻게 되었나요?**

20

20

20

9월
1일

오늘의 미라클 해빗

아침에 눈을 뜨면 무엇보다도 먼저
'오늘은 한 사람에게만이라도 기쁨을 주겠다!'라는 생각으로
하루를 시작하라.
- 프리드리히 니체

Q. 이 글을 본 순간 '팡' 하고 떠오른 아이디어가 있나요?
나는 내일 ____________ 에게 ____________을(를) 주어야겠다!

20

20

20

9월
2일

오늘의 미라클 해빗

당신은 지금 꿈의 길목에서 단지 1인치,
한걸음, 한 아이디어, 떨어진 앞에 다가서 있다!

**Q. 나의 인생 책은 무엇인가요?
그 책에서 가장 좋아하는 문구는 어떤 문장인가요?**

20

20

20

9월
3일

오늘의 미라클 해빗

마흔이 넘어서 배운 가장 중요한 것은
거절해야 할 때 거절하는 것이었다.
- 가브리엘 가르시아 마르케스

Q. 나는 내가 원하지 않을 때, 'NO'라고 얘기하나요?
내가 행복해지려면 '미움받을 용기'도 있어야 합니다.

20

20

20

9월
4일

오늘의 미라클 해빗

돈을 굴리면서 한 번도 손해 본 적이 없는
가난한 사람을 많이 보았다. 위험 근처에는
아예 가지 않으려는 조심성은 오히려 위험하다.
감행하고, 새로운 것을 시도하는 사람은 끝내 무엇을 얻는다.
- 보도 섀퍼

**Q. 요즘 돈으로 인해 갈등하는 순간이 있었나요?
어떤 리스크를 염려하나요?**

20

20

20

9월
5일

오늘의 미라클 해빗

좀처럼 생각이 잡히지 않을 때는
잠시 생각을 내려놓으라.
그곳이 당신만의 장소라면 더 좋을 것이리라!

**Q. 나만의 비밀 아지트는 어디인가요?
왜 그곳이 좋은가요?**

20

20

20

오늘의 미라클 해빗

걱정은 습관이다.
걱정은 소중하고 유한한 내 인생을
엄청나게 낭비하는 일이다.

**Q. 자, 걱정이 느껴진다면 깊이 호흡하며 몸을 이완해줍시다.
살면서 느낀 아름다움의 기억을 떠올려보고 적어봅시다.**

20

20

20

9월
7일

오늘의 미라클 해빗

문제가 생겼을 때,
갖고 있던 사고방식으로는 문제를 해결할 수 없다.
- 알베르트 아인슈타인

**Q. 좋은 생각이나 영감은 주로 어떤 상황에서 떠오르나요?
그 이유는 왜일까요?**

20

20

20

9월
8일

오늘의 미라클 해빗

왜 호랑이를 만들었느냐고 신께 불평하지 말고,
호랑이에게 날개를 달지 않은 것에 감사하라.

Q. 일어난 어떤 사건보다 그것을 바라보는 마음가짐이 중요합니다.
최근 어려웠던 일을 '~해서 천만다행이다'로 바꿔 적어봅시다.

20

20

20

9월
9일

오늘의 미라클 해빗

열심히 노력하다가 나태해지고, 잘 참았다가 조급해지고,
희망에 부풀었다가 절망에 빠지는 일을 반복하고 있다.
쉬운 일이었다면 아무런 즐거움을 얻을 수 없었을 것이다.
그러니 계속해서 그림을 그려야겠다.
- 빈센트 반 고흐

**Q. 당신은 결국 원하는 것을 이뤄냈습니다.
지랑스러운 미래의 자신에게 메시지를 남겨보세요.**

20

20

20

오늘의 미라클 해빗

포옹에는 마술적인 힘이 있으나 잘 사용되지 않는다.
당신 삶에서 만나는 사람들을 생각하고
주저 없이 당신이 먼저 그들을 안아주기 시작하라.

**Q. 마지막으로 포옹한 것은 언제, 누구와인가요?
지금 안아주고 싶은 사람이 있나요?**

20

20

20

9월
11일

오늘의 미라클 해빗

길이 가깝다고 해도 가지 않으면 도달하지 못하며,
일이 작다고 해도 행하지 않으면 성취되지 않는다.
- 순자

Q. 나는 ________을(를) 저축하고 ________시간을 소득의 파이프라인을 늘리기 위해 공부할 것이다.

20

20

20

9월
12일

오늘의 미라클 해빗

변화를 진심으로 바란다면, 기다리기만 하면 안 돼.
페이지를 넘기다 보면 네가 선택할 순간이 올 거야.
일생 단 한 번의 순간의, 일생 단 한 번의 선택.
- 크리스토퍼

Q. 지금 나의 행복을 방해하는 것이 있나요?
그것들을 나열해보세요.

20

20

20

9월
13일

오늘의 미라클 해빗

노화에 관한 믿음은 모두 우리 마음에서 비롯된다.
따라서 이런 생각들을 의식에서 모두 내쫓아라.
건강과 영원한 젊음에 집중하라.
그 인식대로 내 몸은 반응할 것이다.

**Q. 신체로 인한 한계나 제약을 느낀 적이 있었나요?
어떻게 한계를 사라지게 할 수 있을까요?**

20

20

20

9월
14일

오늘의 미라클 해빗

충분한 확신을 가지고 믿음에 맞춰 행동한다면,
당신은 뭐든지 될 수 있다.
뭐든지 마음에 품고 믿기만 하면 이룰 수 있기 때문이다.
- 나폴레온 힐

**Q. 사람은 변화할 수 있다고 생각하나요?
나는 어떤가요?**

20

20

20

9월
15일

오늘의 미라클 해빗

누군가에게 생애 최고의 날을 만들어주는 것은
그리 힘든 일이 아니다.
전화 한 통, 감사의 쪽지, 몇 마디의 칭찬과
격려만으로 충분한 일이다.
- 댄 클라크

**Q. 오늘 누구에게 생애 최고의 날을 만들어주고 싶은가요?
왜 그런 생각을 하게 되었나요?**

20

20

20

오늘의 미라클 해빗

궁극적으로 우리의 운명을 결정짓는 것은
환경이 아니라 바로 우리가 내리는 결단이다.
진정으로 삶에 변화를 일으키고자 한다면,
생각과 행동에 대해 새로운 결단을 내려야만 한다.

Q. 항상 하고 싶었던 미완성 프로젝트는 무엇인가요?
바로 지금부터 조금씩 실행해보면 어떨까요?

20

20

20

9월
17일

오늘의 미라클 해빗

내가 바라지 않는 일을 남에게 하지 말아야 한다.
- 공자

Q. 중요한 인간관계를 잃어본 적이 있나요?
그 경험을 통해 무엇을 깨달았나요?

20

20

20

9월
18일

오늘의 미라클 해빗

가난은 결코 불명예스러운 것이 아니다.
문제는 가난의 원인이다. 나태, 고집, 어리석음.
이중 하나가 원인이라면 그 가난은 수치로 여겨야 할 것이다.
- 〈플루타르크 영웅전〉

**Q. 최근에 자신을 반성하게 만든 일이 있었나요?
어떤 반성을 했나요?**

20

20

20

9월
19일

오늘의 미라클 해빗

행복은 종종 당신이 열어둔지도 몰랐던 문을 통해
살금살금 들어온다.
- 존 베리모어

**Q. 하루 중 언제를 가장 좋아하나요?
그 이유는 무엇인가요?**

20

20

20

9월
20일

오늘의 미라클 해빗

신념은 체력이 뒷받침되면 생기지만
체력이 실종되면 바로 체념으로 둔갑한다.
신념이 없어지면 관념이 고개를 들고
'억지'를 근거 없이 펼치기 시작한다.
- 유영만

Q. 지속적인 운동을 하고 있는지 점검해볼까요?
오늘 몇 걸음 걸었나요?

20

20

20

9월
21일

오늘의 미라클 해빗

인생은 하나의 실험이다.
실험이 많아질수록
당신은 더 좋은 사람이 된다.
- 랄프 왈도 에머슨

Q. 분명 그러하다고 믿거나 판단했던 일이 사실과 크게 달랐던 적이 있나요?

20

20

20

9월
22일

오늘의 미라클 해빗

네가 가진 것에 감사해라.
더욱 많은 것을 가져갈 것이다.
만약 네가 갖지 못한 것에 집중한다면,
너는 평생 무언가를 가질 수 없을 것이다.
- 오프라 윈프리

**Q. 최근에 뭔가 맛있는 것을 먹은 적이 있나요?
어떤 음식이었나요?**

20

20

20

9월
23일

오늘의 미라클 해빗

만약 현실에서 항상 편안하거나
만족스러운 삶을 살았다면
셰익스피어나 괴테는 시를 쓰지 않았을 것이다.
- 아르투어 쇼펜하우어

**Q. 지금 삶에서 어떤 것을 개선하고 싶은가요?
왜 그렇게 생각했나요?**

20

20

20

오늘의 미라클 해빗

올바른 친구와의 교제는 값을 매길 수 없는 엄청난 가치가 있다.
반대로 그릇된 친구들은 그 깊이를 알 수 없을 만큼 위험하고 파괴적이다.

Q. 내 주위에는 어떤 친구들이 많나요?
나는 그들에게 어떤 친구인가요?

20

20

20

9월
25일

오늘의 미라클 해빗

당신이 할 것인가, 말 것인가 망설이고 있을 때는
아무 일도 일어나지 않는다.
하지만 일단 '10억을 벌고 만다!'라고 강력한 결심을 해보자!

Q. 끌어당김의 법칙을 경험해본 적이 있나요?
작은 경험이 있다면 어떤 것이든 적어봅시다.

20

20

20

9월
26일

오늘의 미라클 해빗

우주는 나에게 완전한 가르침을 위해
완전한 사람들을 보내준다. 행복이 나의 운명이다.
모든 사람과 상황이 나를 더 좋은 쪽으로 인도하고 있다.

Q. 이런 마음으로 모든 상황을 바라본다면 평화롭지 않을까요?
누군가 내게 해준 조언 중 기억에 남는 것이 있다면?

20

20

20

9월
27일

오늘의 미라클 해빗

웃음은 인류로부터
겨울을 몰아내주는 태양이다.
- 빅토르 위고

**Q. 오늘 나를 미소 짓게 한 일은 무엇인가요?
힘든 순간이 올 때면 오늘의 미소를 떠올려보세요.**

20

20

20

9월
28일

오늘의 미라클 해빗

아무도 산에 걸려 넘어지진 않는다.
당신을 휘청이게 하는 것은 조약돌뿐이다.
당신 길에 놓여 있는 모든 조약돌을 지나가라.
그럼 산을 넘었다는 것을 알게 될 것이다.

Q. 나에게 가치 있는 삶은 무엇인가요?
조약돌이 아닌 더 큰 의미를 생각해봅시다.

20

20

20

9월
29일

오늘의 미라클 해빗

내 것인 줄 알았으나
받은 모든 것이 선물이었다.
- 이어령

**Q. 지금 내게 필요한 위로의 말은 무엇인가요?
무엇이 내 마음을 힘들게 하나요?**

20

20

20

오늘의 미라클 해빗

"어떻게 아름다운 그림을 그릴 수 있었나요?"
이 질문에 고흐가 대답했다.
"우선 저는 꿈을 마음속에 그립니다.
그 꿈을 붓끝에 옮겨 그리는 것뿐입니다."

Q. 앞으로 3년 후 무엇을 하고 싶나요?
마음속에서 그린 나의 모습은 어떤 모습인가요?

20

20

20

10월
1일

오늘의 미라클 해빗

너 자신의 수고는 너만 알면 돼.
- BTS 진

Q. 최근 애쓰고 있는데 상대가 몰라줘서 속상했던 적이 있나요?

20

20

20

10월
2일

오늘의 미라클 해빗

돈과 오랫동안 좋은 인연을 유지하고 싶다면
결코 돈에 대해 나쁜 말을 해서는 안 된다.
돈은 사람의 감정에 매우 민감하게 반응한다.

**Q. 최근 지출이 늘지는 않았나요?
혹시 스트레스로 인해 감정적으로 소비하고 있지는 않나요?**

20

20

20

10월
3일

오늘의
미라클 해빗

가끔은 행복을 추구하기를 잠시 멈추고
그저 행복을 느껴보는 것도 좋다.
- 기욤 아폴리네르

Q. 주변에 행복한 삶을 사는 사람이 있나요?
그 이유는 무엇일까요?

20

20

20

10월
4일

오늘의 미라클 해빗

건강을 유지하고 싶거나 회복하고 싶다면,
먼저 부정적인 마음 상태부터 가다듬어야 한다.
- 캐서린 폰더

Q. 요즘 미워하고 있는 사람이 있나요?
왜 그 사람을 미워하게 되었나요?

20

20

20

10월 5일

오늘의 미라클 해빗

지금 어디로 가고 있는지 모른다면 조심하라.
엉뚱한 곳으로 가게 될지도 모르니까.
- 요기 베라

Q. 삶에 대한 확실한 비전을 가지고 있나요?
5년 후의 나는 어떤 모습으로 살고 있기를 바라나요?

20

20

20

10월
6일

오늘의 미라클 해빗

노년, 무지한 사람에게 그것은 겨울,
배운 자에게 그것은 수확의 시기.
- 유다 리브 라제로프

**Q. 1년 중 가장 좋아하는 날은 언제인가요?
그 이유는 무엇인가요?**

20

20

20

10월
7일

오늘의 미라클 해빗

저절로 실의에 빠지는 것이 아니다.
실의에 빠지는 데 스스로가 한몫을 한다.

Q. 마음의 짐을 덜고 싶은 일이 있나요?
여기에 털어놓고 가벼운 마음으로 잠드세요.

20

20

20

10월
8일

오늘의 미라클 해빗

관계가 깊었을수록 이후의 거리는
아득히 멀어야 한다.
- 이고은

Q. 적당히 거리를 두는 것도 필요합니다.
요즘 누구와, 어떤 이유로 거리를 두고 있나요?

20

20

20

10월
9일

오늘의 미라클 해빗

돈 문제는 재무관리가 아닌 역사와 심리학을 통해
이해할 수 있음을 깨달았다.
진정으로 부를 이해하고 부를 얻고 싶다면
인간의 심리를 알아야 한다.
- 모건 하우절

**Q. 최근 인문학 관련 지식을 쌓은 적이 있나요?
어떤 내용이었나요?**

20

20

20

10월
10일

오늘의 미라클 해빗

외부에 의해 불안해지고 혼란스러워진다면
재빨리 너 자신으로 돌아가라.
- 아우렐리우스

**Q. 나는 주변 상황에 예민한 편인가요?
아니면 둔감한 편인가요?**

20

20

20

10월
11일

오늘의 미라클 해빗

혼란스러운 생각과 감정, 행동은
정신력까지 흐지부지하게 만들어버린다.
그 결과 신체, 특히 두뇌의 에너지를 고갈시키고,
감정의 추진력까지 약화시킨다.
- 캐서린 폰더

Q. 요즘 나를 놀라게 하거나, 혼란스럽게 한 일은 무엇인가요?
내 감정을 컨트롤하기 위해 앞으로 ______________ 을(를) 하겠습니다.

20

20

20

10월
12일

오늘의 미라클 해빗

졌을 때 당신은 패배한 것이 아니다.
당신이 스스로 그만둘 때
당신은 패배한 것이다.
- 파울로 코엘료

Q. 인생에서 가장 크게 후회되는 일은 무엇인가요?
어떤 상황도 이겨낼 힘이 내 안에 있습니다.

20

20

20

10월
13일

오늘의 미라클 해빗

좀 더 열린 마음으로 인생사를 바라보면,
가지지 못해 아쉬워했던 것들이
사실 그토록 간절히 원했던 것은 아님을 알게 된다.
- 앙드레 모루아

**Q. 지금 갖고 싶은 것은 무엇인가요?
그것이 내년에도 필요할까요?**

20

20

20

오늘의 미라클 해빗

그 무엇도 직선으로 움직이지 않는다.
어떤 목표도 좌절과 방해를 겪지 않고
이루어지는 법은 없다.
- 앤드류 매튜스

Q. 세상 일이 내 마음처럼 흘러가지 않을 때가 많습니다. 목표를 달성하려면 무엇이 필요할까요?

20

20

20

10월
15일

오늘의 미라클 해빗

나는 새로운 사람을 만나길 기대하고 있어.
나와 함께 있고 싶은 사람들을 끌어당길 거야.

**Q. 주위 사람들이 바뀌면 내 인생도 바뀝니다.
최근 새로 만난 사람은 누구인가요?**

20

20

20

10월
16일

오늘의 미라클 해빗

기자가 빌 게이츠에게 최고의 갑부가 된 비결을 물었다.
"저는 날마다 거울 앞에서 최면을 겁니다.
'오늘은 왠지 큰 행운이 나에게 있을 것 같다'와
'나는 뭐든지 할 수 있어'입니다."

**Q. 오늘 거울 속 나 자신에게 어떤 말을 외쳐주겠습니까?
두 문장을 적어봅시다.**

20

20

20

10월
17일

오늘의 미라클 해빗

울고는 싶은데 울 수조차 없을 때가 있다.
억지로 참으려 하기보다, 슬플 때는 충분히 슬퍼하고
그 상황에서 벗어나보자.
당신은 어떤 상황에서든 행복을 찾을 수 있다.

Q. 나는 언제 슬픔을 느끼나요?
슬픔을 느낄 때면 어떻게 하나요?

20

20

20

10월
18일

오늘의 미라클 해빗

몸은 거짓말을 하지 않아요.
몸의 반응을 살펴보면
나의 마음이 어떤지 알기 쉬워요.
- 〈곰돌이 푸〉

Q. 요즘 어디 아픈 곳이 있나요?
요즘 나의 마음 상태는 어떤가요?

20

20

20

10월
19일

오늘의
미라클 해빗

생각보다 시간이 별로 없는데도
우리는 생각과는 매우 다른 방식으로 시간을 보낸다.
인생을 명료하게 나누고 그에 따른 계획들을 세워보라.
시간은 더 나은 삶, 더 창의적인 결과를 선물할 것이다.

**Q. 이번 주에 처리해야 할 우선순위 세 가지 일을 적어보세요.
꼭 이뤄내보겠다는 마음으로 이번 주를 보내봅시다.**

20

20

20

10월
20일

오늘의 미라클 해빗

아침에 일어날 때마다
그날 해야 할 일이 있음에 감사하라.
- 킹슬리

**Q. 해야 할 일이 있기에 오늘도 보람차게 보낼 수 있습니다.
오늘을 시작하는 순간, 머릿속에 떠오른 생각은 무엇인가요?**

20

20

20

10월
21일

오늘의 미라클 해빗

나의 길은 나만이 정할 수 있어요.
다른 사람의 조언을 참고할 수는 있지만
지나치게 기대지 마세요.

**Q. 내가 하는 행동 속에 내 의지가 들어 있나요?
내가 진정 원하는 길을 가고 있나요?**

20

20

20

10월
22일

오늘의 미라클 해빗

모든 언행을 칭찬하는 자보다
결점을 친절하게 말해주는 친구를 가까이하라.
- 소크라테스

Q. 첫인상은 별로였지만 누구보다 소중해진 사람이 있나요?
그 이유는 무엇인가요?

20

20

20

10월
23일

오늘의 미라클 해빗

나는 유쾌하면서도 완고한
어떤 것을 내 안에 담아둔다.
경주가 끝날 때까지 그것을 놓치지 않는다.
- 트루먼 커포티

**Q. 내일부터 내 수입은 지출보다 훨씬 많아질 것입니다.
왜 그럴까요?**

20

20

20

10월
24일

오늘의 미라클 해빗

인생에서 가장 중요한 것은 당신의 내부에서
빛이 꺼지지 않도록 노력하는 것이다.
안에 빛이 있으면 저절로 밖이 빛나는 법이다.
- 알베르트 슈바이처

Q. 나를 나답게 만드는 것은 어떤 행동인가요?
나를 지켜나가려면 어떻게 해야 할까요?

20

20

20

10월
25일

오늘의 미라클 해빗

화의 유일한 해독제는 '왜 저 모양일까?'라는 말을
마음속으로 되뇌지 않는 것이다.
화를 내는 것도 습관이다.
화는 우리가 나아가려고 할 때마다 에너지를 고갈시킨다.

Q. 최근에 나를 화나게 했던 말은 무엇인가요?
내 마음의 평화를 위해 어떤 말로 대체할 수 있을까요?

20

20

20

10월
26일

오늘의 미라클 해빗

나는 나 자신이 완전히 슬퍼하도록 허락할 거야.
모든 경험은 나를 더 강하게 만들어.
나는 내가 누릴 거라 예상했던 삶의 상실을 존중하고,
내 앞에 있는 새로운 삶을 받아들일 거야.
- 루이스 헤이

**Q. 이번 주에 나를 힘들거나 슬프게 했던 일이 있나요?
그 일들에 가운뎃줄을 쭉 그어보세요. 모두 마음에서 사라질 것입니다.**

20

20

20

10월
27일

오늘의 미라클 해빗

오늘만큼은 세상에서 가장 행복한 사람으로 즐겨라.
가장 좋아하는 길을 걷고, 가장 좋아하는 음식을 먹고,
좋아하는 사람을 만나 대화하라.
나만의 특별한 오늘이 될 것이다.

**Q. 특별한 오늘, 가장 감사한 일은 어떤 것이었나요?
왜 그 일이 감사한가요?**

20

20

20

10월
28일

오늘의 미라클 해빗

당신이 만약 참으로 '열심히' 산다면
'나중에'라고 말하지 말고,
지금 이 순간에 해야 할 일을 시작해야 한다.
- 요한 볼프강 폰 괴테

Q. 혹시 오늘 뭔가를 미루지는 않았나요?
그 일은 무슨 일이었나요?

20

20

20

10월
29일

오늘의 미라클 해빗

자신을 사랑한다면 다른 사람도 사랑하게 됩니다.
자신을 사랑하면서 남을 사랑하지 않는다면,
진정한 의미에서 자신을 사랑하는 데도 실패할 것입니다.
- 마이스터 에크하르트

**Q. 내 마음의 소리에 귀기울여 봅시다.
지금 내 마음은 무엇을 원하나요?**

20

20

20

오늘의 미라클 해빗

겨우 유지해 갈 정도의 돈을 원하지 말고,
하고자 하는 일을
모두 할 수 있을 만큼의 돈을 원해라.

Q. 죽기 전에 꼭 가보고 싶은 곳의 버킷리스트를 적어보세요. 그중 한 곳을 내년 여름휴가 때 가보면 어때요?

20

20

20

10월
31일

오늘의 미라클 해빗

고통은 오래 지속되지 않는다.
현재를 긍정하라.
- 에피쿠로스

**Q. 피로를 의식하고 제때 해소해줘야 합니다.
몸과 마음의 피로는 요즘 어떻게 해소하고 있나요?**

20

20

20

11월
1일

오늘의 미라클 해빗

당신은 어떤 몸을 가지고 싶은가.
자신에게 그 이유를 묻고 목표가 아닌
목적을 확실하게 설정해야 한다.
목표를 달성해도 목적은 영원히 사라지지 않기 때문이다.

**Q. 나는 어떤 몸을 갖고 싶은가요?
왜 그 모습이 되어야 하는가요?**

20

20

20

11월
2일

오늘의 미라클 해빗

상유심생(相由心生).
외모는 마음에서 생겨난다는 뜻이다.
사람은 각자의 얼굴에 세월의 흔적을 새기며 산다.

**Q. 먼저 거울에 비친 내 얼굴을 자세히 들여다봅시다.
1년 뒤의 나는 어떤 인상의 얼굴이기를 바라나요?**

20

20

20

11월
3일

오늘의 미라클 해빗

갖지 못한 것을 소망하느라
가진 것을 망쳐서는 안 된다.
- 에픽테토스

**Q. 사실 나는 이미 많은 것을 가지고 있습니다.
지금 내 주위를 둘러보고 소중한 것 다섯 가지를 써봅시다.**

20

20

20

11월
4일

오늘의 미라클 해빗

내일 일을 훌륭하게 완수하기 위한 최선의 준비는
오늘 일을 훌륭하게 완수하는 것이다.
- 앨버트 하버드

Q. 어떤 물건이나 콘텐츠, 행위에 중독된 적이 있나요?
때로 잘못된 습관은 인생을 낭비하게 합니다.

20

20

20

11월
5일

오늘의 미라클 해빗

위대한 업적을 남긴 사람은 남들의 말에 흔들리지 않았다.
남들의 비웃음을 웃어넘겨라.
우리는 타인의 비난이 아니라 자신이 가고 싶은 곳,
가야 할 곳으로 다시 내 마음을 돌려야 한다.

**Q. 최근 타인의 말에 흔들렸거나 마음이 상한 적이 있었나요?
그 말들은 내 삶에 티끌만큼도 영향을 끼칠 수 없습니다.**

20

20

20

11월
6일

오늘의 미라클 해빗

중요한 건 돈이나 빈부의 문제가 아니다.
행복은 그런 것과는 아무 관계도 없다.
중요한 건 돈이 아니라 마음가짐과 생각이다.
언제든 깨끗한 마음을 지킬 수 있다면 언제든 행복할 수 있다.
-〈법화경〉

**Q. 앞으로 내가 가는 곳마다 풍요가 찾아올 것입니다.
어떻게 그런 일이 있을 수 있을까요?**

20

20

20

11월
7일

오늘의 미라클 해빗

행복의 한쪽 문이 닫힐 때, 다른 한쪽 문은 열린다.
하지만 우리는 그 닫힌 문만 오래 바라보느라
우리에게 열린 다른 문은 못 보곤 한다.
-헬렌 켈러

Q. 요즘 나를 불안하게 했던 일이 있었나요?
그 일에서 좋은 점은 무엇인가요?

20

20

20

11월
8일

오늘의
미라클 해빗

외로움은 종종 포옹이 필요할 때 발견된다.
- 스윗 차콘

Q. 최근 외롭다고 느낀 때가 있었나요?
언제였나요?

20

20

20

오늘의 미라클 해빗

끝까지 해보기 전까지는 늘 불가능해 보인다.
- 넬슨 만델라

Q. 나 자신에 대해서 놀랄 때가 있습니다.
내가 해낸 일에 마음이 짜릿해졌던 경험이 있었나요?

20

20

20

11월
10일

오늘의 미라클 해빗

미소로 표정을 바꿔보라.
김연아 선수는 표정을 바꾸고
11번이나 기록을 경신했다.

Q. 요즘 있었던 일 중에서, '그래도 이만하길 다행이다'라고 생각되는 일은 무엇인가요?

20

20

20

11월
11일

오늘의 미라클 해빗

위대한 일을 성취하려면
꿈을 꾸고 행동하는 것도 정말 중요하지만,
그 무엇보다도 그것이 될 것이라는 것을,
내가 해낼 수 있다는 것을 믿어야 한다.

Q. 내가 가진 믿음을 적어보세요.
그 믿음은 내 삶에 어떤 영향을 미쳤나요?

20

20

20

11월
12일

오늘의 미라클 해빗

친절한 한마디가
3개월간의 겨울을 따스하게 해준다.
- 일본 속담

Q. 오늘 하루 친절한 말을 했나요?
그렇지 않다면 내일 어떤 친절한 말을 건네볼까요?

20

20

20

11월
13일

오늘의 미라클 해빗

부는 지혜로운 사람의 노예이자,
바보의 주인이다.
- 세네카

**Q. 3년 뒤, 5년 뒤의 돈(또는 자산)에 대한 계획은 무엇인가요?
충분히 실현 가능성이 있는 계획인가요?**

20

20

20

11월
14일

오늘의 미라클 해빗

알찬 하루를 보낸 후에는
행복하게 잘 수 있다.
마찬가지로 알찬 삶을 보내야
행복한 죽음을 맞이할 수 있다.
- 레오나르도 다 빈치

**Q. 요즘 잠들기 전에 어떤 감정을 느끼나요?
왜 이런 감정이 들까요?**

20

20

20

오늘의 미라클 해빗

곤경에 처했다면 그 일이 어떻게 해결되기를 원하는지
매일 조용히 글로 옮기는 것이 좋다.
소망을 자신의 마음에 새겨서 확신하게 됨은 물론,
그 에너지가 영향을 미쳐 도움을 얻을 수 있게 된다.
-캐서린 폰더

**Q. 지금 문제가 있다면 어떻게 해결되기를 원하나요?
글로 적어봅시다.**

20

20

20

11월
16일

오늘의 미라클 해빗

"할 수 있는 게 없다"라고 말하는 사람일수록
아무것도 행하지 않은 사람일 가능성이 높다.

**Q. 나는 잘 살고 있는 걸까요?
올해를 돌이켜봅시다.**

20

20

20

11월
17일

오늘의 미라클 해빗

보고 싶었던 사람에게 전화를 걸어보자.
어제 갔던 길과 다른 골목으로 걸어보자.
먹어보지 않은 신메뉴를 시켜보자.
어제 하지 않았던 일을 해보는 짜릿함을 느껴보자.

**Q. 어제 하지 않았던 다른 것,
오늘 무엇을 해볼 건가요?**

20

20

20

11월
18일

오늘의 미라클 해빗

세상이 약속하다고 말하지 말고,
세상에서 없어서는 안 될 사람이 되도록 하라.
세상이 당신을 찾도록 해야 한다.
- 랄프 왈도 에머슨

Q. 나는 무엇을 위해 일하나요?
나의 존재나 세상을 위해 꼭 이루고 싶은 일이 있나요?

20

20

20

11월
19일

오늘의 미라클 해빗

남의 감정에 쉽게 전염되는 사람이 있다.
타인에게 휘둘리는 기분이 든다면 과감하게 외치자!
STOP! 내 안에서 내보내자!

**Q. 내게 부정적인 에너지를 주는 사람은 누구인가요?
그 사람과는 심리적으로 조금 거리를 두면 어떨까요?**

20

20

20

11월
20일

오늘의
미라클 해빗

손에 넣을 수 있는 것은 손에 넣어라.
손에 넣은 것은 계속 지니고 있어라.
이것이 납을 황금으로 만드는 '현자의 돌'이다.
- 벤저민 프랭클린

Q. 은퇴한 뒤의 계획은 무엇인가요?
충분히 구체적인 계획인가요?

20

20

20

11월
21일

오늘의 미라클 해빗

일 년 중에 낮 못지않게 밤도 많고,
낮의 길이에 못지않게 밤의 길이도 존재한다.
행복한 삶도 어둠이 없으면 있을 수 없고,
슬픔이라는 균형이 없으면, '행복'은 의미를 잃는다.
- 카를 구스타프 융

**Q. 삶에는 '만남'이라는 행복이 있기에, '이별'의 슬픔도 존재합니다.
가장 슬펐던 이별의 순간은 언제였나요?**

20

20

20

11월
22일

오늘의 미라클 해빗

죽음을 두려워한다는 것은
당신이 아직도 삶의 중요성을
알지 못하고 있다는 것을 의미한다.
- 브라마 쿠마리스

**Q. 나의 죽음에 대해 생각해본 적이 있나요?
내가 바라는 죽음을 구체적으로 적어보세요.**

20

20

20

11월
23일

오늘의 미라클 해빗

'사람은 생각하는 대로 된다.'
사람의 일생이란 그 사람이
일생을 어떻게 생각했는가 하는 것이다.

**Q. 내년은 어떤 한 해로 만들어나가고 싶나요?
두 가지 문장을 적어봅시다.**

20

20

20

11월
24일

오늘의 미라클 해빗

감사라는 주사를 매일 거르지 말자.
시련이라는 병마를 만났을 때
다른 사람보다 빨리 이겨낼 수 있을 것이다.
- 〈감사의 힘〉

Q. 오늘을 어떻게 더 좋은 날로 만들었나요?
감사 습관을 통해 시련을 극복하는 힘을 느껴본 적이 있나요?

20

20

20

오늘의 미라클 해빗

게으름은 즐겁지만 괴로운 상태다.
우리는 행복해지기 위해 무엇인가 하고 있어야 한다.
- 마하트마 간디

Q. 오늘 무슨 일로 바빴나요?
그 일은 내 삶에서 중요한 것인가요?

20

20

20

11월
26일

오늘의 미라클 해빗

원래 상대방을 이해하는 것은
불가능하다고 생각하라.
- 알프레드 아들러

**Q. 이해할 수 없었던 사람이나 일이 있었나요?
그 뒤로 어떤 일들이 있었나요?**

20

20

20

11월
27일

오늘의 미라클 해빗

모든 부자들이 다 베풀고 살지는 않지만
행복한 부자들은 분명히 베풀며 산다.

Q. 가까운 사람들을 위해 간단한 이벤트를 펼쳐봅시다.
어떤 서프라이즈 선물을 할 수 있을까요?

20

20

20

11월
28일

오늘의 미라클 해빗

어떤 삶을 살고 있더라도
당신은 행복해질 권리가 있습니다.
그러나 남의 불행 위에 내 행복을 쌓지는 마세요.
- 법륜 스님

**Q. 기쁨을 느끼는 대상이나 취미가 있나요?
그것은 무엇인가요?**

20

20

20

오늘의 미라클 해빗

정서가 건강한 사람의 몸에서는 질병이 살아남지 못한다.
행복을 느끼는 순간 발생한 호르몬은
몸을 더욱 건강하게 한다.

**Q. 내게 추억이 가득한 장소는 어디인가요?
그곳에서 어떤 추억이 있었나요?**

20

20

20

11월
30일

오늘의 미라클 해빗

힘내. 생각하지 말고 그냥 하는 거야.
피곤하겠지. 그래도 그냥 하는 거야.
무섭기도 하겠지. 그래도 그냥 하는 거야.

**Q. 그동안 하고 싶은 것이 있었다면 무엇인가요?
바로 오늘부터 해보면 어떨까요?**

20

20

20

12월
1일

오늘의 미라클 해빗

감사하기는 에너지를 전환하고 원하는 것이
더 많이 이루어지도록 하는 강력한 도구다.
이미 있는 것들에 감사하면, 좋은 것들이 더 많아진다.

**Q. 요즘 산 물건 중에서 사지 않아도 되었을 것이 있나요?
왜 사게 되었나요?**

20

20

20

12월
2일

오늘의 미라클 해빗

난관이 없었다면 내가 이토록 인생의
모든 지혜를 짜내 문제를 해결하려고
몰입할 수 있었겠는가?
- 이나모리 가즈오

Q. 내 삶에서 불만족스럽거나 개선하고 싶은 점이 있다면?
눈앞의 벽은 오히려 치열하게 고민할 계기를 만들어줍니다.

20

20

20

12월
3일

오늘의 미라클 해빗

스스로를 싸구려 취급하는 사람은
타인에게도 싸구려 취급을 받을 것이다.
- 윌리엄 헤즐릿

**Q. 나는 나 자신에게 잘 대해주나요?
자신에 대한 사랑은 어떻게 표현하나요?**

20

20

20

12월
4일

오늘의 미라클 해빗

큰 부를 축적하고 싶다면 우선 이렇게 생각하자.
'나는 억만장자가 될 가치가 있다.'
우선 이렇게 자각하고 스스로를 인정해야 한다.
가치를 느낄 수 없다면 가치를 창출할 수도 없기 때문이다.

**Q. 나는 자신을 어떻게 여기고 있나요?
귀한 인물이라고 여기고 있나요?**

20

20

20

12월
5일

오늘의 미라클 해빗

우울한 사람은 과거에 사는 것이고,
불안한 사람은 미래에 사는 것이고,
평안한 사람은 이 순간에 사는 것이다.
- 노자

Q. 과거에는 큰 고민거리였으나
지금 돌아보니 별것 아니라 생각되는 것이 있나요?

20

20

20

12월
6일

오늘의 미라클 해빗

행복 뒤에는 슬픔이 있고, 슬픔 뒤에는 행복이 있다.
이들을 이겨내는 길은 이들을 뛰어넘고
집착으로부터 완전히 자유로워지는 데 있다.
- 마하트마 간디

**Q. 마음의 평화를 위해 하고 있는 일이 있나요?
간단한 취미나 운동, 습관 무엇이든 좋습니다.**

20

20

20

오늘의 미라클 해빗

우리의 본질은 우리가 반복적으로 행하는 일이다.
그렇다면 탁월성은 한 번의 행동이 아니라 습관이다.
- 아리스토텔레스

Q. 올해 좋은 습관으로 장착시킨 것이 있나요?
지난해와 비교해 자신의 생활을 돌아보세요.

20

20

20

12월
8일

오늘의 미라클 해빗

좋은 것들이 생길 때 감사하면 할수록
좋을 것들을 더 많이, 더 빨리 얻게 될 것이다.
그러므로 진심으로 감사하라.

**Q. 나를 기분 좋게 만드는 것 세 가지는 무엇인가요?
그것들은 쉽게 얻을 수 있는 것인가요?**

20

20

20

12월
9일

오늘의 미라클 해빗

가을은 우리가 무엇을 이루었는지, 이루지 못한 게 무엇인지,
그리고 내년에는 무엇을 하고 싶은지를
생각해볼 만한 완벽한 시간이다.

Q. 1월 6일 일기를 펴봅시다. 올해 무엇을 이루었나요?
또 계획했던 것 중 이루지 못한 것은 무엇인가요?

20

20

20

12월
10일

오늘의 미라클 해빗

당신에게 좋은 일이 생겼을 때
곁에서 충만하게 함께 기뻐해주는 사람이 있는가?
그가 바로 당신의 진정한 친구이다.

Q. 나는 상대와 대화할 때 진심으로 궁금해하는 편인가요? 딴생각을 할 때가 많은가요?

20

20

20

12월 11일

오늘의 미라클 해빗

타인의 부를 축복하는 것이
결국 자기에게도 부를 가져오는 결과가 된다.
- 조셉 머피

**Q. 내 주위의 누구에게 행운을 빌어줄 수 있을까요?
왜 그 사람을 택했나요?**

20

20

20

12월
12일

오늘의 미라클 해빗

다른 사람이 칭찬을 하든 비난을 하든 개의치 않는다.
다만 내 감정을 충실히 따를 뿐이다.
- 볼프강 아마데우스 모차르트

**Q. 속마음을 털어놓고 후회한 적은 없나요?
어떤 일이 있었나요?**

20

20

20

12월
13일

오늘의 미라클 해빗

완벽한 운동 준비는 오히려 운동 방해를 가져온다.
운동하기 가장 좋은 때는 바로 지금이다.
- 유영만

**Q. 마지막으로 숨이 찰 정도로 운동한 적은 언제인가요?
고민하지 말고 일어나 운동을 하러 갑시다.**

20

20

20

12월
14일

오늘의 미라클 해빗

글을 쓸 수 있는 한 우리는 살아 있어요.
쓰는 일은 모든 억압으로부터 자기를 해방시키죠.
- 김영하

**Q. 올해 쓴 일기 중에서 마음에 드는 문장은 무엇인가요?
그 이유는 무엇인가요?**

20

20

20

12월
15일

오늘의 미라클 해빗

사랑합니다. 감사합니다. 축복합니다.
나와 내 이웃을 행복으로 물들게 하는 세 마디.

Q. 나와 다르다고 느꼈던 사람은 누구인가요?
그 사람과 어떻게 잘 지낼 수 있을까요?

20

20

20

12월
16일

오늘의 미라클 해빗

시간을 최악으로 사용하는 사람들은
시간이 부족하다고 늘 불평하는 데 일인자이다.
- 라 브뤼에르

Q. 시간은 활용하기에 따라 천금이 되기도, 쓰레기가 되기도 합니다. 시간에 쫓기지 않으려면, 어떻게 해야 할까요?

20

20

20

12월
17일

오늘의 미라클 해빗

인생은 용서와 함께 하는 모험이다.
- 노먼 커즌스

Q. 지금 누군가가 미워서, 그를 용서할 수 없어서 마음이 괴로운가요? 용서하기 위해 내가 할 수 있는 것들을 적어봅시다.

20

20

20

12월
18일

오늘의 미라클 해빗

겨울철에는 절대 나무를 자르지 말라.
기분이 너무 안 좋을 때는 절대 중요한 결정을 내리지 말라.
잠시만 기다려라. 폭풍은 지나가고 봄이 찾아올 것이다.
- 로버트 H. 슐러

Q. 오늘은 인생의 사계절 중 ___________ 계절 입니다.
그 이유는 ___________이기 때문입니다.

20

20

20

12월
19일

오늘의 미라클 해빗

순간에 행복하라. 그것으로 족하다.
우리에게 필요한 것은 오직 매 순간뿐,
그 이상도 그 이하도 아니다. 지금 행복하라.
- 마더 테레사

Q. 어느덧 한 해를 마무리하는 시기가 다가왔습니다.
요즘, 머릿속에 떠오르는 생각은 무엇인가요?

20

20

20

12월
20일

오늘의 미라클 해빗

억누르려고 애를 쓸수록, 안간힘을 쓸수록 이 모든 것이
그 생각을 더 키우고 에너지를 더 키우게 한다.
걱정거리를 해결하려는 생각에 집중하는 대신
걱정의 본질에 대해 명상해보자.

Q. 오늘 나를 힘들게 했거나 우울하게 했던 일이 있나요?
기억하세요. 그 걱정은 결코 영원히 지속되지 않습니다.

20

20

20

12월
21일

오늘의 미라클 해빗

가장 큰 영광은 한 번도 실패하지 않음이 아니라
실패할 때마다 다시 일어서는 데에 있다.
- 공자

Q. 1년 전 오늘 이 시간, 나는 무엇을 하고 있었을까요?
그때에 비해 스스로 무엇이 변했다고 생각하나요?

20

20

20

12월
22일

오늘의 미라클 해빗

복부 비만이요? 저는 한번 그래봤으면 좋겠습니다.
주름이 걱정이라고요? 저도 주름이 생긴 제 얼굴이
보고 싶습니다. 지금의 삶을 즐기세요.
저는 여러분이 부럽습니다.
- 시한부를 선고받은 한 사람이

**Q. 지금 나의 하루를 눈물 나게 부러워하는 사람도 있습니다.
내가 나라서 참 좋다고 느낀 순간은 언제인가요?**

20

20

20

12월
23일

오늘의 미라클 해빗

"…했어야 했는데"라고 말하는 것과
"…했어!"라고 말하는 건 하늘과 땅만큼의 차이가 있다.

**Q. 올해 내 가슴을 가장 떨리게 한 일은 무엇이었나요?
긍정적인 떨림과 부정적인 떨림 두 가지를 모두 적어주세요.**

20

20

20

12월
24일

오늘의 미라클 해빗

좋은 벗은 저절로 만들어지는 것이 아니다.
여러 가지 추억, 함께 겪은 괴로운 시간,
많은 어긋남, 화해, 마음의 격동…
우정은 이런 것들로 채워져 있다.
- 생텍쥐베리

Q. 소중한 사람들과의 휴가를 간다면 어디로 갈 건가요?
그곳에서 무엇을 해볼까요?

20

20

20

12월
25일

오늘의 미라클 해빗

신의 무한한 부는 내가 그 부를 사용하는 것과
같은 속도로 나에게로 흘러들어온다.
그리고 다른 사람들도 날로 풍족해진다.
- 조셉 머피

Q. 드디어 크리스마스!
요술램프 속 지니가 소원을 물어본다면 무엇을 말할 건가요?

20

20

20

12월
26일

오늘의 미라클 해빗

자신이 하는 일을 사랑하고
그것이 중요하다고 느끼는 것보다
더 큰 즐거움은 없다.
- 에이브러햄 링컨

**Q. 올해 가장 기억에 남기고 싶은 중요한 일이 있었나요?
왜 그 일을 기억하고 싶나요?**

20

20

20

12월
27일

오늘의 미라클 해빗

나이를 먹은 것만으로는 사람은 늙지 않는다.
이상을 잃었을 때
비로소 노화되는 것이다.
- 사뮤엘 울만

Q. 요즘 무엇에 가장 열정적인가요?
그 일은 내 삶에 어떤 영향을 미치고 있나요?

20

20

20

12월
28일

오늘의 미라클 해빗

'나는 못 한다'에서 '나도 할 수 있다'로 생각이 바뀌는 순간,
당신의 잠재의식에 모든 세포가 강렬하게 진동하기 시작한다.
도전할수록 당신의 삶은 더욱 풍요롭고 행복해질 것이다.

Q. 내년은 어떤 한 해로 만들고 싶나요?
간단한 희망을 적어봅시다.

20

20

20

12월
29일

오늘의 미라클 해빗

사람들이 원하는 나로 평생을 살 수 없다.
사람들의 눈높이에 나를 맞추려는 데서
모든 불행이 시작된다. 나는 어쩔 수 없이 나다.
- 아르투어 쇼펜하우어

Q. 누군가를 위해 나를 바꾸려 한 적이 있나요?
혹은 나를 위해 누군가를 바꾼 적이 있나요?

20

20

20

12월
30일

오늘의 미라클 해빗

당신이 변하지 않는 한, 이미 갖고 있는 것말고는
아무것도 얻을 수 없다.
- 제임스 론

**Q. 올 한 해 동안 나에게 있었던 일들을 돌아봅시다.
가장 성취감을 느낀 날은 언제였나요?**

20

20

20

12월 31일

오늘의 미라클 해빗

인생의 말년에는 인간관계야말로
삶을 진정 풍요롭게 만들어주는 것이다.
사랑하는 사람들과 어떻게 충실한 인간관계를
맺을 수 있을까를 주기적으로 자문해보라.

**Q. 소중한 사람들 덕분에 올해도 의지하며 잘살아왔습니다.
올해 가장 기억하고 싶은 사람은 누구인가요?**

20

20

20

조성희

국내 1호 마인드파워 스페셜리스트이자, 마인드파워 스쿨 대표. 마인드 분야의 세계 최고 권위자이자 전 세계적 베스트셀러 《시크릿》의 주인공인 밥 프록터의 한국 유일 비즈니스 파트너로서 그에게 직접 트레이닝을 받았고, 브라이언 트레이시 인터내셔널 국제교수 자격도 보유하고 있다. 마인드파워를 공부하며 자신의 인생을 180도 송두리째 바꿔버린 그녀는 보이지 않는 내면의 마인드파워를 공부하는 것이 인생에서 가장 중요하고, 그것이 진정한 교육이라고 강조한다. 이 책 《미라클 해빗 Q&A Diary》 또한 어디서부터 변화해나가야 할지 잘 모르는 많은 이를 위해, 마음이 흔들리는 순간마다 실질적인 도움을 주고자 쓴 책이다.
유튜브 채널 '조성희의 마인드파워'와 클래스 101 온라인 강좌들을 통해 변화를 꿈꾸는 사람들의 인생을 드라마틱하게 바꾸고 있으며, 한국을 넘어 세계를 향해 마인드파워 교육을 확대하고 있다. 저서로는 《더 플러스》《뜨겁게 나를 응원한다》《뜨겁게 나를 사랑한다》《조성희의 마인드파워로 영어 먹어버리기》 등이 있다.

미라클 해빗 Q&A Diary

초판 1쇄 인쇄 2022년 11월 4일
초판 1쇄 발행 2022년 11월 18일

지은이 조성희
펴낸이 이경희

펴낸곳 빅피시
출판등록 2021년 4월 6일 제2021-000115호
주소 서울시 마포구 월드컵북로 402, KGIT 16층 1601-1호

ISBN 979-11-91825-69-5 03190